ICH LIEBE DAS LEBEN

ANDREA VOß

MEIN LEBEN MIT BRUSTKREBS UND WIE ICH DAS POSITIVE DENKEN ERLERNTE TEIL 2 : ICH LIEBE DAS LEBEN.

Jeder lebt weiter in anderer Leute Kopf. Jeder hat sein Lebenswerk, einen Nachlass. Ein Haus, ein Baum, ein Buch, ein Gemälde, ein Kind. Es ist übrigens hilfreich, sich zu Lebzeiten bewusst zu machen, welche Spuren man hinterlassen will.

Ich wünsche allen meinen Lesern viel Spaß beim Lesen. Ich freue mich schon sehr auf Ihre Rezensionen.

Andrea Voß im November 2017

TWENTYSIX

meinlebenmitbrustkrebs.blogspot.com

meinlebenmitbrustkrebs.blogspot.com

TWENTYSIX – Der Self-Publishing-Verlag
Eine Kooperation zwischen der Verlagsgruppe Random
House und BoD – Books on Demand
1.Auflage 2017

Herstellung und Verlag:
BoD – Books on Demand, Norderstedt.

ISBN: 9783740734459

Illustrationen: Andrea Voß

INHALT

Auch ganz besonders bedanke ich mich bei meiner
Sportgruppe Sport zum Leben und unseren Trainer
Michael W und Frank M. vom ‚Rehazentrum in
Neuruppin und dem Aktiv Club. Auch möchte ich mich
für die Einladung nach Potsdam bedanken, wo das
Projekt Sport zum Leben den Ehrenpreis der AOK
Brandenburg in Empfang nehmen konnte. Desweiteren
habe ich mich sehr gefreut, dass ich an der Fachtagung:
Bewegung bei Krebs in Blossin teilnehmen konnte und
einen kleinen Teil in den Workshops dazu beitragen
konnte.
Ich habe in dieser Sportgruppe eine Menge für mein
weiteres Leben dazu gelernt. Ich habe dort viele nette
Freunde und Freundinnen gefunden. Wir helfen und
unterstützen uns gegenseitig. Einer ist für den anderen
da. Der Sport verhilft mir zu neuen Mut und Kraft in
Zusammenhang mit meiner Krebserkrankung. Das
Training treibt mich an. Der Sport bringt mir Erholung
und meine Belastungen werden besser abgebaut.
Außerdem möchte ich mich auch bei den Schwestern
und Ärzten in der Onkologischen Praxis Dr.Löschner
bedanken. Die Schwestern und Ärzte haben immer ein
offenes Ohr für meine Probleme. Aufkommende Fragen
bekomme ich beantwortet und es wird mir auch
umfassende Hilfe angeboten. Vielen Dank für das
Zuhören. Ich finde es sehr wichtig als Patient, dass man
mit den Ärzten und Schwestern im Dialog bleibt. Ich
habe auch das Gefühl, dass die Ärzte mich auch unter
anderem durch meinen Blog und meinem ersten Buch
mehr respektieren.
Ganz besonders möchte ich mich auch bei meinen
vielen Freunden und Freundinnen, die ich über
verschiedene soziale Netzwerke wie Facebook,

Einleitung Vorwort:

Seit meiner Brustkrebserkrankung ist mir sehr bewusst, dass wir meist in dem Glauben, noch ewig lange Zeit zu haben oft nicht im Augenblick – sondern mit dem Warten auf die großen, besonderen Dinge der Zukunft – leben. Und so die kleinen glücklichen Dinge in unserem Alltag verpassen, die eigentlich unser Leben ausmachen und wir umso mehr wertschätzen sollten; man weiß nie, wie viele davon noch kommen werden. Ich möchte in diesem Buch meine Gedanken und Gefühle verarbeiten. Ich begebe mich in diesem Buch auf eine Zeitreise durch mein Leben. Ich befasse mich ausführlich mit dem Thema Leben im Hier und Jetzt. Dieser 2.Teil meines Buches ist eine Fortsetzung meines 1.Buches. Viele Freundinnen und Leser meines ersten Buches haben mich dazu ermutigt, auch noch eine Fortsetzung meines ersten Buches: Mein Leben mit Brustkrebs und wie ich das positive Denken erlernte, zu schreiben. Ich will mit diesem Buch anderen Menschen Mut machen und auch beweisen, dass man auch mit metastasierten Krebs noch ein gutes selbstbestimmtes Leben führen kann. Das Leben ist auch mit einer chronischen Erkrankung schön.

Ich glaube ganz fest an

"Die Macht des positiven Denkens." " Und das mit dem positiven Denken, jedes Wunder möglich ist."

Danksagung

Ich möchte mich auf diesem Wege ganz herzlich bei meiner Familie, meinen Freunden und Freundinnen bedanken, die in dieser schweren Zeit immer für mich da waren und ohne Euch hätte ich das nicht durchgestanden.

Auch ganz besonders bedanke ich mich bei meiner Sportgruppe Sport zum Leben und unseren Trainer Michael W und Frank M. vom ,Rehazentrum in Neuruppin und dem

Aktiv Club. Auch möchte ich mich für die Einladung nach Potsdam bedanken, wo das Projekt Sport zum Leben den Ehrenpreis der AOK Brandenburg in Empfang nehmen konnte. Desweiteren habe ich mich sehr gefreut, dass ich an der Fachtagung:

Bewegung bei Krebs in Blossin teilnehmen konnte und einen kleinen Teil in den Workshops dazu beitragen konnte.

Ich habe in dieser Sportgruppe eine Menge für mein weiteres Leben dazu gelernt. Ich habe dort viele nette Freunde und Freundinnen gefunden. Wir helfen und unterstützen uns gegenseitig. Einer ist für den anderen da. Der Sport verhilft mir zu neuen Mut und Kraft in Zusammenhang mit meiner Krebserkrankung. Das Training treibt mich an. Der Sport bringt mir Erholung und meine Belastungen werden besser abgebaut.

Außerdem möchte ich mich auch bei den Schwestern und Ärzten in der Onkologischen Praxis Dr.Löschner bedanken. Die Schwestern und Ärzte haben immer ein offenes Ohr für meine Probleme. Aufkommende Fragen bekomme ich beantwortet und es wird mir auch umfassende Hilfe angeboten. Vielen Dank für das Zuhören. Ich finde es sehr wichtig als Patient, dass man mit den Ärzten und Schwestern im Dialog bleibt. Ich habe auch das Gefühl, dass die Ärzte mich auch unter anderem durch meinen Blog und meinem ersten Buch mehr respektieren.

Ganz besonders möchte ich mich auch bei meinen vielen Freunden und Freundinnen, die ich über verschiedene soziale Netzwerke wie Facebook, Google+, Instagram; Twitter; YouTube und auch durch meine Blogschreiberei kennen gelernt habe, bedanken. Ihr habt mir ständig auch Mut gemacht und auch Eure Hilfe angeboten.

Vielen Dank dafür. Ganz besonders möchte ich mich auch beim Brustkrebsmagazin Mamma Mia bedanken. Ihr habt mir die Möglichkeit gegeben ein Wochenende in Frankfurt am Main zu verbringen, um mich dort mit ebenfalls an metastasierten Krebs erkrankten Frauen zu treffen und auszutauschen. Es war ein sehr tolles Wochenende, an dem ich sehr viele gleichgesinnte, starke Frauen kennen gelernt habe, die auch den Kampf gegen den Krebs aufgenommen haben. Ich habe mich in dieser Gemeinschaft nicht mehr so alleine mit meiner Krankheit gefühlt. Das hat mich wiederum so richtig stark gemacht. Ich zehre immer noch von diesen ganz besonderen Wochenende. Ich werde diese Eindrücke, die ich dort gewonnen habe, nie vergessen. Ich kam mir dort richtig geborgen vor. Wir wurden dort so richtig in einem schönen Hotel mit guten Essen und sehr vielen netten und interessanten Gesprächen und Workshops verwöhnt. Wir standen endlich mal wieder im Mittelpunkt des Geschehens. Wir stellten alle so viele Gemeinsamkeiten unter uns fest. Diese Gespräche taten mir so richtig gut und motivierten mich dazu nicht aufzugeben und mein Leben weiter aktiv zu gestalten.

Außerdem möchte ich mich bei allen Krebskämpferinnen und Krebskämpfer bedanken, die mich ein Stück meines Weges begleitet haben und heute nicht mehr unter uns sind. Ihr habt mir bei der Bewältigung meiner Krankheit sehr geholfen und ich werde Euch nie vergessen.

Jeder lebt weiter in anderer Leute Kopf. Jeder hat sein Lebenswerk, einen Nachlass. Ein Haus, ein Baum, ein Buch, ein Gemälde, ein Kind. Es ist übrigens hilfreich, sich zu Lebzeiten bewusst zu machen, welche Spuren man hinterlassen will.

Ich habe lange darüber nachgedacht und möchte gern meine Biographie als Buch veröffentlichen.

Ich habe beim Schreiben gemerkt, dass das Aufschreiben meiner Gedanken und Gefühle mir sehr bei der Bewältigung meiner Krankheit hilft.

meinlebenmitbrustkrebs.blogspot.com

Rezensionen und Feedbacks zu meinem ersten Buch:

Mein Leben mit Brustkrebs und wie ich das positive Denken erlernte.

Einige Rezensionen will ich daher dankend erwähnen:

Die Rezensionen zu meinem ersten Buch, die mich sehr ermutigt haben weiter zu machen und mich nie aufzugeben. Vielen Dank für Eure Kommentare und Rezensionen. Für mich ist es eine riesige Freude anderen Krebserkrankten Mut zu machen und Ihnen zu zeigen, dass man auch mit einer metastasierten Krebserkrankung noch ein glückliches Leben führen kann.

Neuruppin, im Januar 2017

Ja genauso ist es! Jeder muss seinen Weg finden.! Wir schaffen es!!!

LG Sabine

Manker, 27.01.2017

Liebe Andrea,

Das finde ich auch! Die kleinen Dinge im Leben, Familie und gute Freunde sind wichtig. Man muss bloß aufpassen, dass man sich diese positive Sichtweise bewahrt und nicht wieder in den alten Trott zurück verfällt.

Alles Liebe von Annette J.

Wustrau, den 01.02.2017

Hallo Andrea, bin heute erst dazu gekommen in Dein Buch zu schauen, als erstes möchte ich Dir sagen, dass das eine große Leistung von Dir ist und ich bewundere Dich sehr, wie Du das Alles meisterst…Hut ab…ich weiß von welcher Freundin Du sprichst und ich fand die Idee von der einen Bekannten inzwischen eine von Deinen Freundinnen, das Geschenk mit den 24 Überraschungen, jeweils immer am 24.des Monats, eine totale super spannende Idee! Ich musste nur das Buch erst einmal bei Seite legen, weil mir alles zu viel an Heidrun erinnerte, mir liefen die Tränen nur so runter. Aber mach bitte weiter so und genieß jeden einzelnen Tag…. Deine Gabi

Liebe Andrea! ,Wustrau, den 28.01.2017

Gestern Abend habe ich Dein Buch gelesen. Es hat in mir noch einmal alles aufgewühlt. Darum werde, ich Dir jetzt berichten, wie es mir mit meiner Brustkrebserkrankung ergangen ist. Ich hatte Dir ja schon erzählt, dass ich den Knoten selbst entdeckt hatte. Mit der Operation ging es dann ziemlich schnell. Nach der OP war ich über Ostern im Krankenhaus. Ich war froh und dankbar, dass die OP gut verlief. Ich lag in einem Zimmer mit zwei anderen Frauen. Mit einer verstand ich mich gut. Am Ostersonntag schien die Sonne ins Fenster. Mir war die Stimmung recht feierlich. Mit meiner Nachbarin habe ich wieder gesungen aus vollem Herzen.:

Dona nobis pacem.

Da ging die Tür auf und eine Schwester kam herein. „Haben Sie eben das Radio so laut angemacht?" war ihre Frage. Als sie hörte, dass wir gesungen haben, bat sie uns, es noch einmal zu machen. Sie machte die Tür auf und alle auf dem Flur hörten mit. Uns ging das Herz über und wir haben anderen noch eine Freude gemacht. Ich musste noch einmal operiert werden, da die Ränder noch mit Krebszellen befallen waren. Auch diese Tage gingen vorüber. Da hatte ich auch wieder ein Erlebnis, was ich nicht vergessen habe. Am letzten Tag kam eine Patientin in mein Zimmer, die die ganze Station schon in Aufregung versetzt hatte. Die Patientin war dement. Sie legte sich – als ich spazieren war – in mein Bett. und bestand darauf, dass es ihres sei. Ich musste dann die letzte Nacht noch einmal umziehen, da die Patientin darauf bestand, dass ihr Sohn im anderen Bett schlafen würde.

Auch ich bekam einen Port eingesetzt, dass die Flüssigkeit der Chemo gleich in den Körper geführt wurde. 6 Chemo-Therapien im Abstand von 3 Wochen bekam ich. Nach der zweiten habe ich dann meine Haare verloren. Eine Perücke wollte ich nicht.

Von meiner Zusage durch die Goldene Konfirmation: ich werde alles gut überstehen – habe ich Dir erzählt. Mein Glauben hat mir die Kraft gegeben und den Mut, froh in die Zukunft zu sehen. In dieser Zeit habe ich viel geschlafen. Früher wurde uns gesagt: Schlaf dich gesund – mir ist es so gegangen. Aus dieser Zeit ist es geblieben, dass ich mich jetzt noch mittags hinlege. Daran habe ich mich gewöhnt. Da ich in der Regel zwischen 6 und 7 Uhr aufstehe, bin ich mittags halt müde und brauche dann die Ruhepause.

Nach der Chemo – über den Sommer begann Ende Oktober die Bestrahlung. 33 Bestrahlungen jeden Wochentag, außer Sonnabend und Sonntag. Das war fast noch schwerer. Mir ist die Bestrahlung auf den Magen geschlagen, so dass ich dann die Medizin gegen die Übelkeit nehmen musste. Einmal wurde mir schwindelig in der Umkleidekabine. Als ich merkte, die Schwestern bekommen alles mit – war ich froh. Sie kamen gleich angelaufen und holten eine Ärztin. Ich muss auch sagen, dass ich über die Betreuung und den Umgang mit den Ärzten und Schwestern nur gutes sagen kann. Ich fühlte mich immer gut behandelt und gut aufgehoben.

15

Mir war es in dieser Zeit sehr wichtig, dass ich jeden Tag einen Spaziergang durch den Wald gemacht habe. Egal wie gut oder schlecht es mir ging. In der Regel ging es mir gut. Ich habe meinen Haushalt weitermachen können. Was ich nicht geschafft habe, blieb eben liegen. Dann hörte ich von Steffi A.. Dann habe ich mir Hilfe in den Haushalt geholt. Steffi kommt noch heute alle zwei Wochen und macht sauber. So kann ich dann Dinge machen, die mir Spaß machen. Mir hat viel geholfen, dass ich in der Natur die kleinen Dinge entdeckt habe.

Auch meine Familie war mir eine große Hilfe. Im Garten durfte ich nichts machen. Einer meiner Geschwister war immer da, wenn ich Hilfe brauchte. Eine Schwester sagte mir, Du warst immer für uns da. Wir können immer zu Dir kommen. Jetzt sind wir für Dich da. Das hat mir sehr geholfen. Ich weiß, wenn ich Hilfe brauche, findet sich immer jemand, der dann da ist.

Und ich habe gelernt auf meinen Körper zu hören. In dieser Zeit haben Ute und ich noch eine AG – Kreatives Gestalten – in der Schule gehabt. Für mich ist dann für ein halbes Jahr eine Freundin eingesprungen. Ute und ich haben die AG noch eine Weile gemacht. Die Umstände wollten es aber, dass wir dann bald aufgaben. Die Belastung war doch zu groß.

Ich hatte mir vorgenommen und auch eingehalten, nur noch einen Termin an einen Tag wahrzunehmen. Ich musste ein wenig kürzertreten. Wenn es zu viel wurde, hat sich mein Körper schon gemeldet.

Das liegt jetzt fast 5 Jahre zurück. Ich kann rückblickend sagen. Gott hat mir ein Zeichen gegeben, mehr auf meinen Körper zu hören und mehr an mich zu denken. Ich kann nicht nur für andere da sein. Ich bin ebenso wichtig. So mache ich jetzt viele Dinge die mir Spaß machen. Das alles wieder gut wird, wusste ich ja von Anfang an. Trotzdem blieben auch die Gedanken über das Sterben und an den Tod nicht aus. Ich kann jetzt hier für mich sagen, wenn es dann kommt, dass die Krankheit mich nicht hätte weiterleben lassen, dann soll es so sein. Jetzt bin ich auch dafür bereit. Darum freue ich mich über jeden neuen Tag und bin dankbar, dass ich das noch erleben kann.

Gut getan haben mir die Wünsche einer 101jährigen Frau am Heilig Abend in der Radenslebener Kirche. Sie wünschte mir noch viele gesunde, frohe und gemeinsamen Jahre mit meinem Manne. Hat mir gutgetan, zumal sie 3 Wochen später von uns gegangen ist.

Was macht mir Freude? Ich mache gern und noch immer viele Handarbeiten (Stricken, Sticken) und ich bastle immer noch gern am liebsten mit Naturmaterialien. Die meisten Dinge finde ich im Wald. Dann lese ich viel. Und ich habe auch kein schlechtes Gewissen einmal nichts zu tun. Ich kann auch gut mich hinlegen und das schöne Wetter genießen. Wie Du weißt gehe ich im Sommer viel baden (morgens und abends), im Winter gehe ich jeden Tag durch den Wald. – mal mit mal ohne Stöcke.

Seit dem letzten Jahr singe ich bei den Luchperlen im Chor mit. Ich habe schon immer gern und viel gesungen. Besonders während meiner Arbeitsjahre. Jetzt habe ich dort eine Heimat gefunden und bin froh. Dann weißt Du ja, wir tanzen eben gern. Ich bin von Anfang an in der Tanzgruppe „Gute Laune Tänzer „mit dabei. Ich glaube, jetzt sind es 6 Jahre.

Erwähnen will ich noch, dass meine beste Freundin meine Nachbarin Uschi ist. Sie hat mir geholfen über die schwere Zeit. Dazu kommt auch noch ein gutes Verhältnis zu allen anderen Nachbarn. Wenn wir Hilfe brauchen, ist immer Jemand da.

Über die Zeit der Krankheit waren mir unsere Pastorinnen ganz wichtig. Nein – sie sind mir auch jetzt noch sehr wichtig.

Wir haben ein gutes Verhältnis. Ich weiß – sie sind für mich da, wenn ich sie brauche.

Liebe Andrea!

Am Anfang Deines Buches stehen schon Erinnerungen an meine Kindheit. Da will ich doch weiterschreiben. Dieser Brief, so denke ich, ist auch für meine Geschwister einmal gut zu lesen. Kannst Du das verstehen? Mir sind viele Gemeinsamkeiten zwischen uns aufgefallen. Ich denke, wir haben unsere Krankheit gut aufgenommen und den besten Weg gefunden., damit umzugehen. Ich wünsche Dir weiter viel Kraft und Zuversicht.

Deine Renate.

Liebe Renate

Ich habe mich sehr über Deine Zeilen gefreut. Ich bin tief berührt. Es war für mich sehr interessant zu lesen, wie Du mit Deiner Erkrankung umgegangen bist. Auch die Beschreibungen aus Deiner Kindheit haben mich sehr fasziniert.

Dieses Foto habe ich in der alten Heimat meines Vaters und meiner Vorfahren in Hinterpommern in Horst gemacht.

Kurzbiographie:

Ich bin am Heiligen Abend, an einen Dienstag den 24.12.1963 in Barthmannshagen (Grimmen) in Mecklenburg-Vorpommern geboren.

Mein erster Vorname lautet Andrea: Das ist ein italienischer Männername.

Mein zweiter Name lautet Christine, da ich als Christkind geboren wurde. Die Freude meiner Eltern war riesengroß, als sie mich am Heiligen Abend in den Armen hielten.

Mein Familienname lautet Voß, das ist die plattdeutsche Bedeutung von Fuchs.

1963 war ein besonderes Jahr, weil ich da geboren bin.

Jetzt noch ein paar Daten, was im Jahre 1963 noch so alles in der Weltgeschichte geschah.:

1963 ist das Jahr, in dem:

- hat der amerikanische Präsident John F. Kennedy bei einem Staatsbesuch in Berlin die Mauer besucht. Er wird von tausenden umjubelt und endet seine Rede mit den Worten: „Ich bin ein Berliner".
- 1963 wurde John F. Kennedy in Dallas von Lee Harvey Ostwald ermordet.
- Konrad Adenauer tritt zurück und Ludwig Erhard wird Deutscher Bundeskanzler
- Außerdem gelingt der größte Postraub aller Zeiten: über 28,5 Millionen DM werden bei einem Überfall auf den Postzug Glasgow – London erbeutet.
- Ist in der Sowjetunion die erste Frau im Weltraum: Valentina Tereschkowa fliegt 48-mal um die Erde.
- In der Musik: belegen die Beatles das dritte Mal den ersten Platz der britischen Hitparade mit dem Lied „She loves You"

Meine Kleinkinderzeit in den Jahren 1963 bis 1969 lebte ich in Vorland, einem kleinen Dörfchen in Mecklenburg-Vorpommern. Diese Zeit hat mich sehr für mein späteres Leben geprägt. Ich wuchs hier wohlbehütet im Kreise von meinen Eltern, meiner Oma, meiner Uroma und auch Tante Betty in einer kleinen Gärtnerei auf. Wir hatten einen richtigen kleinen Bauernhof mit Schweinen, Hühnern, 1 Pferd namens Peter, 1 Hund namens Bobby. Wir hatten sehr viele Haustiere und einen riesigen Garten. Ich verlebte hier eine herrliche Kleinkinderzeit im Kreise unserer Familie, mit vier Generationen unter einem Dach.

Im Herbst 1969 zogen wir von Vorland nach Wustrau. Ich ging dort in den evangelischen Kindergarten bis ich dann 1970 in die POS Wustrau eingeschult wurde. Die ersten 3 Schuljahre ging ich in die Heimatschule. Danach zogen wir in die Schule im Zietenschloss (heute wird das Schloss als Schulungszentrum der Deutschen Richterakademie genutzt). Dort wurden wir dann bis 1977 unterrichtet. Mitte 1977 zogen wir dann in die neu errichtete Gesamtschule POS Wustrau in den Weinbergweg. Nun hatte ich es etwas weiter, um in die Schule zu gelangen. Ich traf mich unterwegs mit meinen Schulfreundinnen. Die Grundschulzeit und auch die gesamte Schulzeit vergingen wie im Fluge. Ich habe herrliche Erinnerung an meine Schulzeit.

Im Sommer 1980 machte ich dann den Abschluss der 10.Klasse.

Im Herbst 1980 begann ich dann eine Lehre zur Maschinenbauzeichnerin in Roßlau/Elbe an der BBS Josef Ressel (Erfinder der Schiffsschraube) in der Schiffswerft Boizenburg/Roßlau. In der Schiffswerft wurden Containerschiffe hergestellt. Ich war dort im Konstruktionsbüro mit eingesetzt. Dort habe ich eine wundervolle Zeit verbracht. Ich lernte dort das Technische Zeichnen von Hand auf einem Reißbrett. Das verschiedene Handwerkszeug: wie dem Lineator, der Ziehfeder, das Skribent, und auch das Zeichnen auf Transparentpapier lernte ich dort kennen. Es machte mir einen riesigen Spaß die Technischen Zeichnungen von Hand zu fertigen. Auch die Normschrift galt es zu erlernen sowie einige handwerkliche Fähigkeiten eignete ich mir dort an. Wir lernten dort das Bohren, Sägen, Feilen, Drehen, Schweißen und auch das Gießen. Dieser praktische Teil machte mir auch einen riesigen Spaß. So bekam ich auch einen besseren Durchblick und ein räumliches Vorstellungsvermögen für die Anfertigung von Technischen Zeichnungen.

Meine Eltern brachten mich damals im September 1980 nach Roßlau. Es war der Beginn eines neuen Lebensabschnittes für mich. Es war eine ganz neue Erfahrung in ein

Lehrlingswohnheim zu ziehen. Ich war zusammen mit 4 weiteren Mädchen aus dem 2.Lehrjahr und Petra aus meinen Lehrjahr direkt in der Berufsschule mit untergebracht. Ich schlief dort in einen 4-Bett Zimmer mit Doppelstockbetten. Ich erinnere mich gern an meine Lehrzeit in Roßlau.

Im Sommer 1982 wurde ich mit meiner Lehre fertig und konnte mich von nun an als Maschinenbauzeichnerin bezeichnen. Ich arbeitete bis 1986 im Konstruktionsbüro des Rationalisierungsmittelbaus in den Elektrophysikalischen Werken in Neuruppin. Es war eine herrliche Zeit dort.

Im September 1986 begann ich dann ein Studium an der Fachhochschule Wildau zum Techniker für Maschinenkonstruktion. Die Studienzeit in Wildau hat mir auch ganz prima gefallen. Ich lernte hier eine Menge für mein weiteres Leben. Ich kostete das Studentenleben natürlich voll aus. Zu einigen Kommilitonen und Kommilitoninnen habe ich heute noch sehr guten Kontrakt. Als ich dann meinen Technikerabschluss in der Tasche hatte, habe ich noch so ca. 2 Jahre im Konstruktionsbüro der EPW gearbeitet. Dann ereignete sich die Wende und die Betriebe wurden abgewickelt und wir wurden alle in Kurzarbeit mit 0 Stunden geschickt. Es war ein riesiger Einschnitt in unser aller Leben.

Immer wieder war der 9.November ein bedeutsamer Tag und Wendepunkt der Geschichte für die Deutschen mit guten wie schlechten.

Ich freute mich natürlich sehr, dass die Mauer im Jahre 1989 gefallen ist. Ich hätte es nie für möglich gehalten, dass es einmal wieder ein einheitliches Deutschland gibt. Ich hatte damals Tränen der Freude im Gesicht, als ich am 9.11.1989 die Nachrichten im Radio und im Fernsehen gesehen hatte. Es waren einfach unfassbare Glücksgefühle in mir, die man gar nicht beschreiben kann. Ich konnte es gar nicht glauben.

Wie oft bin ich mit der S-Bahn und U-Bahn während meiner Studienzeit an Westberlin vorbeigefahren und habe dort schon immer gedacht, dass es schön wäre dort rüber fliegen zu können. Ein Traum wurde war.

Ich bin heute noch froh, dass es bei dem Mauerfall so friedlich zugegangen ist. Mir kommen heute noch die Tränen und so ein komisches Bauchgefühl, wenn ich an diese bewegende Zeit denke. Die Freude darüber war so riesengroß. Alle fielen sich in die Arme.

John Lennon sang Einmal: "Give peace a chance."

Glück, Frieden und Gesundheit ist das höchste Gut.

Mein Lebenslauf werde ich in Band 3 vervollständigen.

Ich verspreche Euch, dass ich auch noch ein Band 3 herausgeben werde.

Ich wünsche Euch allen viel Spaß beim Lesen.

Erinnerungen an die AHB

Sonntag, den 17.08.2014

Nun bin ich schon fast eine ganze Woche in Boltenhagen zur AHB (Anschluss Heilbehandlung). Es gefällt mir hier ganz prima. Ich habe ein riesiges Einzelzimmer mit dem Blick zur Ostsee. Ich bin so froh, dass ich hierhergefahren bin. Ich genieße diese schöne Zeit an der Ostsee und komme hier zu neuen Kräften. Ich habe hier schon sehr viele nette Frauen kennengelernt. Gestern war ich mit K.J. aus Falkensee beim Schwedenfest in Wismar. Es war ein wundervoller Tag mit Shopping bei Karstadt, Sightseeing, Schwedenspektakel und schönen Kaffeetrinken. Wir haben uns in einen kleinen Kaffee in Wismar ein schönes großes Himbeerstück und eine Tasse Kaffee gegönnt. Es war ein Hochgenuss, so ein schönes Himbeerstück zu genießen. Wir sind an diesen Tag mit dem Bus nach Wismar gefahren. Ich habe K.J. an meinen Essenstisch kennen gelernt. Sie ist eine sehr nette, aufgeschlossene Person. Es hat mir sehr gefallen, mich mit Ihr zu unterhalten. Als wenn ich sie schon viele Jahre kennen würde. Wir telefonieren und schreiben uns jetzt noch. Wir hoffen doch, dass wir nochmal zusammen eine Reha machen können. Der Arzt sagte uns, dass uns nach einem Jahr nochmal eine Reha zustehen würde.

Erinnerungen an Boltenhagen Teil 2

Heute am Sonntag, den 17.08.2014 habe ich mir dann ein Fahrrad ausgeliehen und bin mit S.R. aus Schwerin nach Boltenhagen und Tarnewitz in den Hafen gefahren. Abends nach dem Abendbrot sind wir dann noch ein kleines Stück spazieren gegangen und haben den schönen Tag ausklingen lassen. Man kann sich hier bei der Reha so herrlich mit gleichbetroffenen Frauen austauschen, die das gleiche

24

Schicksal wie ich haben oder ähnliches durchmachen müssen. Alle gehen hier ziemlich offen miteinander um. Diese Gespräche tun mir ziemlich gut. So ist man den ganzen Tag abgelenkt. Abends wenn ich dann im Bett liege, lasse ich den ganzen Tag noch einmal Revue passieren. Dann fallen mir natürlich die vielen netten Gespräche ein. Dann denke ich immer, dass alle Frauen die sich hier nach einer Brust OP wiederfinden, ziemlich stark sind. Es gibt hier so viele Schicksale von anderen Frauen, die einen sehr betroffen machen. Und doch gibt es so viel Positives, was von all den Frauen ausgeht. Jede Frau strahlt hier einen Optimismus aus. Alle haben den Kampf gegen den Krebs aufgenommen und versuchen das Beste aus der Situation zu machen. Diese AHB bzw. Reha war für mich eine wichtige Zeit in meinem Leben, um meine Krankheit geistig und seelisch zu verarbeiten.

Ich fühlte mich bei dieser AHB sehr gut aufgehoben. Ich habe hier auch eine Menge für mich dazu gelernt. Zum einen auch mehr auf mich und meinen Körper zu hören und die Feststellung gemacht: „Ich bin der wichtigste Mensch in meinen Leben" „, Wenn es mir gut geht, strahlt es auch auf die anderen Menschen in meiner Umgebung aus."

MAN SOLLTE JEDEN TAG SO LEBEN, ALS WÄRE ES DER LETZTE.

Das hat mir Dr. Schmidt auch gesagt, während der Port-OP. Er hat mir dabei tief in die Augen gesehen und mir damit die Angst vor der OP genommen. Der Port wurde mir nur unter örtlicher Betäubung eingesetzt. Ich hatte vorher große Angst vor den Eingriff. Herr Dr. Schmidt machte mir daher brasilianische Musik während der OP an. Die Schwestern bauten mir so eine Art kleines Zelt auf. Es kam mir so vor, als wenn ich unter einer Strandmuschel lag. Durch die brasilianische Musik war mir dann so, als ob ich an der Ostsee oder in der Karibik am Strand liege und gar nicht auf einen OP-Tisch. Mir ist dann mit einem Mal ganz heiß geworden. Die Krankenschwester tupfte mein Gesicht mit einem kalten

Lappen ab. Mir ging es dann etwas besser. Da ich die ganze Zeit örtlich betäubt war, konnte ich mir die ganzen Gespräche zwischen dem Arzt und den Schwestern mit anhören. Ich unterhielt mich dann auch noch mit ihnen. Ich war total dadurch abgelenkt und dachte nicht so sehr an den Schmerz. Die eine Schwester erzählte mir auch von einem Todesfall in ihrer Familie, der sie schwer getroffen hat. Sie sagte dann auch, dass sich einige gute Freunde von ihr abgewendet hatten, als die Krebsdiagnose stand. Aber sie sagte auch, dass sie auch erkannt hatte, welche die wirklich waren Freunde sind. Ich merkte sogleich, dass ich noch eine Menge dazu lernen musste mit meiner Krebsdiagnose und mit den Begleiterscheinungen der meiner Erkrankung umzugehen. Von einen Tag auf den anderen hat sich mein ganzes bisheriges Leben geändert.

So sagte ich zu meiner Psychologin in der Kur: "Ich habe nicht das Gefühl, dass der Krebs meine größte Baustelle ist, das ist eher ein Nebenschauplatz." Daraufhin sie:

"Der Krebs bewirkt, dass Sie jetzt in Ihrem Leben das ändern, was sie belastet."

Ich habe die letzten Tage intensiv nachgedacht, viele Gedanken gewälzt. Es wird sich etwas ändern.

Ein Plan entsteht. Drückt mir die Daumen, dass er umsetzbar ist. Dass ich mich nicht wieder im Alltag, im Strudel verliere.

Kommentar von Rita, die ich bei Google+ kennen gelernt habe.

Ich bin damals nach Boltenhagen gefahren als ich mein Leben neu sortieren musste. Wegen meiner Augenkrankheit musste ich mein Leben komplett ändern. Das erste war den Job aufgeben - Haus verkaufen - alles ändern. Im Strandkorb beim Meeresrauschen ist mir das gelungen. Dann bekam ich zum

Glück Krebs - denn durch die Chemo wurde meine unheilbare Augenkrankheit geheilt. So ist immer alles für etwas gut.

Meine Antwort darauf:

Liebe Rita, ich finde auch dass man jeder negativen Seite immer etwas Gutes abgewinnen kann. Der Krebs hat mich auch dazu veranlasst mein Leben von Grund auf zu verändern.

In Boltenhagen hatte ich genug Zeit darüber nachzudenken. Stundenlange Strandspaziergänge und auch im Strandkorb sitzen taten mir und meiner Seele sehr gut.

Aber mein Leben ist nicht mehr das was es mal war. Es gibt ein Leben vor und mein Leben nach der Erkrankung. Ich lebe jetzt viel intensiver im Hier und Jetzt. Jeder Tag zählt, den ich ohne Schmerzen und Kummer leben kann. Ich freue mich nunmehr über die Kleinigkeiten und Glücksmomente, die mir am Tage so begegnen.

Ich habe zunächst versucht weiterzumachen, um auf keinen Fall zu grübeln. Zum Anfang kurz nach der Diagnose war ich wie gelähmt. Nichts ging mehr.

Ich war einfach in einen Schockzustand, als der Arzt mir mitteilte, dass ich Knochenmetastasen habe. Ich konnte es einfach nicht fassen. Zum Anfang wurde mir auch keine gute Prognose gegeben. Es machte mich sehr traurig. Ich war völlig traumatisiert, als ich die Worte des Arztes hörte, kurz nach meiner brusterhaltenden OP. Ich habe neulich auch in einer Zeitschrift gelesen, dass es vielen Frauen leider so ergeht. Solche gefühlskalten Aussagen, wie z.B. regeln sie mal schon alles in ihrem Leben oder schreiben sie ihr Testament können einen riesigen emotionalen Schaden bei uns krebskranken Patienten anrichten. Wir können uns zwar nicht gegen die Krebsdiagnose wehren. Wohl aber gegen die Verbalattacken dieser Art. Leider habe ich das damals nicht getan, ich fühlte mich einfach machtlos und wehrlos ausgeliefert. Ich habe mich damals gar nicht gegen die Aussagen des Arztes gewehrt. Ich hatte keine Kraft dazu. So tief saß der Schmerz und auch meine Brusterhaltende OP machte mir immer noch zu schaffen. Es wurden gleich am Abend vor meiner Entlassung noch die nächsten Schritte besprochen, die man für mich bei der Tumorkonferenz vorgesehen hatten. Am nächsten Tag sollte ich mich in der Bestrahlungsklinik melden und mich dort vorstellen. Es standen mir 33 Bestrahlungen bevor. Auch die ambulante OP zum Einbau eines Ports stand mir noch bevor. Außerdem musste ich noch den Kieferorthopäden und den Zahnarzt aufsuchen. Es mussten mir 2 Backenzähne gezogen werden. Das war eine Vorsichtsmaßnahme, da ich ja einige Wochen später alle 4 Wochen in die Onkologie musste und auch heute weiterhin muss, um die Zometainfusion zu erhalten. Bei der Gabe einer Zometainfusion können manchmal Kiefernekrosen entstehen und daher wurden mir die 2 Backenzähne als Vorsichtsmaßnahme gezogen.

Zum Anfang konnte ich gar nicht klar denken. Es hat eine ganze Weile gedauert, bis ich das alles verarbeitet habe. Manchmal kommen mir heute noch die Gedanken an diese schwere Zeit in meinen Leben.

Dienstag, den 9.12.2014

Heute Nacht habe ich etwas unruhig geschlafen. Nachdem ich mit meiner Tochter gefrühstückt habe, werde ich mich noch etwas hinlegen. Ich habe heute ein straffes Tagesprogramm vor mir:

- 1. Meine ehemalige Arbeitsstelle aufsuchen,
- 2.. Zum Sport zum Leben bei Krebs ins Rehazentrum
- 3. Mittagessen mit einer Freundin;
- 4. Spaziergang bzw. Walking........

An manchen Tagen nehme ich mir einfach zu viel vor.

Ich merke sehr oft, dass meine Kräfte noch nicht voll wiederhergestellt sind. Aber es wird von Woche zu Woche besser.

Gestern war ich zu einer sehr schönen Veranstaltung im Seniorenwohnpark. Ich habe mit meiner Mutti unten im Pavillon 1 Paar Plätzchen, Kuchen und einen schönen Weihnachtskaffee getrunken. Es hat mir gut getan bei meiner Mutter zu sein. Auch wenn sie fast gar nichts gesagt hat. Aber ihre Nähe tat mir einfach gut. Ich habe auch deutlich gemerkt, dass sie sich sehr über meinen Besuch gefreut hat. Ich habe dann noch einige Leute aus meinen Heimatort dort getroffen und mich mit ihnen sehr gut unterhalten.

Kurz bevor das Konzert begann kam auch meine beste Freundin mit dazu. Ich habe mich sehr gefreut sie zu sehen. Unsere Freundschaft hat sich seit meiner Diagnose sehr gefestigt. Sie war mir an vielen Tagen, wo es mir überhaupt nicht gut ging eine treue Begleiterin. Es ist so schön, so eine gute Freundin zu haben auch in schweren Zeiten.

Mittwoch, den 10.12.2014

Ich habe heute einen anstrengenden Tag hinter mich gebracht. Ich bin mit meiner Tochter mit nach Hamburg gefahren. Sie musste dort zu ein 4 stündigen Test und Vorstellungsgespräch für ein Duales Studium. Wir sind heute schon um 4:30 Uhr aufgestanden. Es war gar nicht so einfach für mich in den frühen Morgenstunden dort hin zu fahren. Ich übernahm die Autofahrt, weil ich wollte, dass Jenny noch etwas schläft. So konnte sie noch etwas Kraft tanken, vor dem anstehenden Test. Aber es hat schließlich alles geklappt mit unserer Fahrt dorthin. Wir waren dann noch pünktlich da.

Donnerstag, den 11.12.2014

Gestern bin ich nun in Hamburg mit meiner Tochter gewesen. Wir sind schon rechtzeitig losgefahren, dass wir auch pünktlich sind. Wir sind dann morgens in den Berufsverkehr geraten. Es war ganz schön schwierig einen Parkplatz zu finden. Dann fragten wir beim Pförtner bei E. nach und er war so nett uns in das Parkhaus als Gast zu lassen. Meine Tochter ging dann zum Bewerbertag und ich hatte 4 Stunden Zeit zum Bummeln. Ich fuhr mit der U-Bahn ins Zentrum. Ich schlenderte etwas durch die Kaufhäuser und auch über die kleinen Weihnachtsmärkte. Es war leider kalt und regnerisch, so dass ich mich nicht allzu lange draußen aufgehalten habe. In den Kaufhäusern war es dann wieder zu warm. Zwischendurch tat mir dann mein Rücken weh, so dass ich mich zuerst einmal hinsetzen musste. Am frühen Nachmittag fuhr ich dann mit der U-Bahn zurück zum Parkhaus. Dort ruhte ich mich im Auto noch etwas aus und wartete auf meine Tochter. Sie erzählte mir dann auch gleich wie alles so verlaufen ist. Es hat ihr dort ganz prima gefallen. Im Januar bekommt sie Bescheid, ob sie genommen wird. Ich drücke ihr ganz fest die Daumen.

Morgentau an der Tanne bei uns im Garten

Freitag, den 12.12.2014

Ich habe heute Nacht wieder einmal sehr schlecht geschlafen. Ich hatte große Schmerzen in meinem rechten Fuß. Gestern beim Rückenkurs habe ich wohl etwas übernommen. Diesen Kurs besuche ich nun schon seit ca. 5 Jahren immer im Herbst/Winter für ca. 8-10 Einheiten. Die meisten von den Frauen habe ich schon über die Jahre kennen gelernt. Die Rückenschule hilft mir sehr dabei mit meinen Schmerzen klar zu kommen. Ich finde überhaupt, das Sport in Maßen und auch kleine Spaziergänge mir sehr gut tun.

Sonnabend, den 14.12.2014

Gestern Nacht habe ich wieder etwas schlechter geschlafen. Ich bin mitten in der Nacht aufgestanden und ich nahm wieder einmal meine Tablette Tamoxifen ein. Da ich noch nicht einschlafen konnte, las ich mir die Packungsbeilage von Tamoxifen durch. Ich weiß zwar, dass die Tablette gegen Mammakarzinome bei Brustkrebs genommen wird, aber es hat mich doch ganz schön umgehauen, was die Tablette alles für Nebenwirkungen haben kann. Ich werde die Tablette natürlich weiterhin nehmen, aber immer mit einen und guten Gefühl ob es auch wirklich das richtige Medikament für mich ist. Ich habe so Angst vor den Nebenwirkungen die auftreten können.

Heute Abend gehen wir zu einem Geburtstag von einem guten Freund von uns. U. seiner Frau also meine Freundin hat dieselben Sorgen wie ich, sie ist ebenso im letzten Jahr an Brustkrebs erkrankt. Ich kann mich daher prima mit ihr über meine Sorgen und Ängste austauschen. Wir gehen dienstags immer zu Sport zum Leben. Das ist eine Initiative die von der OGD Ruppiner Kliniken angeboten wird. Wir beide müssen schon sagen, dass uns dieser Sport ziemlich guttut. Man kann sich auch so prima mit anderen Krebspatienten austauschen. Anschließend gehen wir dann immer schön Mittag essen.

Dienstag, den 16.12.2014

Heute habe ich wieder einen schönen Tag mit Sport verbracht. Die Ruppiner Kliniken veranstalten in Zusammenarbeit mit dem ökologischen Schwerpunkt Brandenburg sowie der OGD GmbH und dem Rehazentrum

"Alte Schwimmhalle" Sport zum Leben. Der Sport tut mir sehr gut und er macht mir Mut.

Im Rahmen des Projektes "Sport und Krebs" hat die "Stiftung Leben mit Krebs" ein regelmäßiges bewegungstherapeutisches Sportprogramm in mehreren deutschen Städten initiiert. Nun haben auch die onkologischen Patienten in und um Neuruppin die Möglichkeit an diesem Projekt teilzunehmen.

Ziel ist, die Belastungen von Erkrankungen und Therapie durch regelmäßige sportliche Betätigung aktiv zu überwinden und mit erhöhter Kondition und Kraft für den Alltag die Lebensqualität zu verbessern.

Der Sport tut mir sehr gut und meine Lebensqualität hat sich dadurch schon sehr verbessert. Außerdem trifft man sich mit Gleichgesinnten, die gleiches oder Ähnliches durchgemacht haben. Das baut Einen sehr auf.

Donnerstag, den 18.12.2014

Heute will ich meinen Bruder in W. besuchen. Er lebt bei der AWO in W. Ich bin schon gespannt darauf, wie es ihm geht. Er leidet unter Schizophrenie. Manchmal ist es sehr schwierig mit ihm umzugehen. Aber ich will die Betreuung auch nicht in fremde Hände geben. Er hat Niemanden mehr aus der Familie oder andere Angehörige, die sich um ihn kümmern. Ich will ihn deshalb auch nicht im Stich lassen und kümmere mich um seine Belange. Ich bringe ihm auch schon einen bunten Teller und ein kleines Geschenk zu Weihnachten vorbei. Ich hoffe doch, dass er sich freut. Es macht mir Spaß anderen eine kleine Freude zu bereiten. Mein Bruder hat sich sehr gefreut, dass ich ihn besucht habe. Ihm ging es dieses Mal eigentlich auch ziemlich gut. Wir haben uns über unsere Kinderzeit unterhalten. Ich habe bei ihm Kaffee getrunken und wir haben Mandarinen gegessen. Er erzählte mir dann, dass er mit dem

Rauchen aufgehört hat. Das finde ich ganz prima. Hauptsache er wird nicht wieder irgendwann rückfällig.

Freitag, den 19.12.2014

Heute früh hat es leider geregnet. Da bin ich leider nicht zum Walken gekommen. Daher sitze ich jetzt hier und mache einen Eintrag. Gestern habe ich Plätzchen mit meiner Tochter gebacken.

Wir haben uns richtig gut verstanden und uns mal wieder über alle möglichen Themen ausgetauscht.

Nun rücken die Feiertage immer näher. Ich finde es so richtig gut, dass ich diesem Jahr mal etwas mehr Zeit habe, alles vorzubereiten. Am Heiligen Abend veranstalte ich immer einen Brunch, da ich an diesem Tag Geburtstag habe.

Heute Nachmittag haben wir zusammen mit unserer Tochter den Weihnachtsbaum geholt. Wir haben dann noch 1 Gläschen Glühwein und eine Currywurst zusammen gegessen. Ich genieße diese kostbaren Momente, die ich mit meinem Partner und unserer Tochter verbringen kann. Da wird mir richtig warm ums Herz.

Sonnabend, den 20.12.2014

In der vergangenen Nacht wurde ich durch meine Tochter durch das Handy geweckt. Ich musste sie mitten in der Nacht abholen. Bei uns hier auf dem Lande fährt nachts kein Bus und keine Bahn mehr. Da habe ich sie schon des Öfteren von der Disco oder anderen Feiern abgeholt. Ich möchte ja schließlich nicht, dass ihr etwas passiert. Nun bin ich heute wie gerädert. Draußen ist es auch dunkel, windig und regnerisch. Da werde ich mir es drinnen etwas gemütlich machen. Nachdem ich saubergemacht habe, werde ich meinen Kleiderschrank ausräumen. Das habe ich mir schon seit längerer Zeit mal vorgenommen. Neulich habe ich eine

Kleiderspende an eine junge Mutti aus dem Dorf gemacht. Sie hat sich sehr zu den Sachen gefreut. Mir ist es lieber, wenn ich die Sachen in gute Hände gebe. Ein Anderer kann es oft noch gut gebrauchen. Im Kleidercontainer verschmutzen die Sachen zu sehr und man weiß auch nicht, ob die Sachen und das Geld auch wirklich in gute Hände kommen. Ich freue mich daher, wenn ich Jemand anderen eine Freude mit den Sachen machen kann.

Sonntag, 21.12.2014 der 4.Advent

Heute ist nun Sonntag, der 4.Advent. Heute wollen wir noch den Weihnachtsbaum aufstellen.

Gestern Abend habe ich mit meinem Partner und unserer Tochter einen schönen Fernsehabend gemacht und Schlag den Raab gesehen. Dazu haben wir Fondue gegessen. Es war richtig gemütlich. Nachts ist unsere Tochter auf der Couch eingeschlafen. Am frühen Abend haben wir uns das Video angesehen, was uns Freunde aus dem Saarland geschickt haben. Ich habe mich sehr über dieses Video und auch den Bilderzusammenschnitt gefreut. Das Video erinnerte an unseren letzten Urlaub in der Türkei im Defne Dream. Hier haben wir auch unsere Freunde aus dem Saarland vor ein paar Jahren kennen gelernt. Wir haben sie im vergangenen Herbst zu Ihrer Silberhochzeitsreise überrascht. Sie haben sich sehr gefreut, als wir ganz plötzlich vor ihnen standen.

Gestern habe ich auch noch weitere gute Weihnachtskarten und Geburtstagsgrüße von guten Freunden und Freundinnen erhalten. Wie z.B.

Hallo Ihr lieben! Wir wünschen Euch ein gesundes und schönes Weihnachtsfest. Besinnliche Stunden und einen fleißigen Weihnachtsmann. Der soll Euch Kraft und eine gute Zeit, vor allem viel Geduld, "Das gilt für Dich liebe Andrea" bringen. Das nächste Jahr wird wieder nur ein gutes Jahr für Dich bereithalten. Denn Du musst wieder gesundwerden. Das wirst Du auch, denn Du hast eine starke Familie im Rücken, die dich unterstützt. Bis bald sagen F. und I.

Ich habe mich über diese Zeilen sehr gefreut. Ich finde es immer viel schöner, wenn man handgeschriebene Karten zu Weihnachten erhält. Es ist viel persönlicher und gibt einen mehr Kraft als die ganze digitale Post, wie Emails oder WhatsApp Nachrichten. Ich halte es auch für besser an meine Freunde, Freundinnen und Verwandtschaft und auch Feriengäste persönliche Weihnachtsgrüße zu versenden.

Ich habe gerade Nachrichten gehört. Heute ist Udo Jürgens mit 80 Jahren an ein Herzversagen gestorben.

Ich höre seine Lieder total gern. Er ist gerade auf einer Tournee gewesen. Ich habe ihn immer bewundert, dass er noch so auf Tour gegangen ist. Es muss doch ziemlich anstrengend für ihn gewesen sein. Wir werden ihn vermissen. Seine Lieder leben in unseren Herzen weiter.

Sonnabend, den 27.12.2014

Nun sind die Weihnachtstage schon wieder vorbei. Ich habe meinen Geburtstag am 24.12.2014 zusammen mit guten Freunden und Freundinnen bei einem Brunch verlebt. Es war eine schöne harmonische Feier. Abends bin ich dann mit einer guten Freundin noch in die Kirche gegangen.

Gestern habe ich dann die Weihnachtsgans gefüllt mit Orangen, Äpfeln... zubereitet. Zusammen mit unserer Tochter und ihren Freund haben wir gestern einen gemütlichen Abend verlebt. Es waren sehr glückliche Stunden.

Sonntag, den 04.01.2015

Heute ist schon wieder der 4.Tag im neuen Jahr angebrochen. Ich bin in den letzten Tagen des alten Jahres nicht dazu gekommen einen Eintrag vorzunehmen. Ich wünsche allen Lesern meines Blogs Ein gesundes, glückliches Jahr 2015. Am Silvesterabend waren wir nach Neuruppin zu einen 100.Geburtstag eingeladen. Eine Freundin von mir und ihr Zwillingsbruder sind beide 50 Jahre alt geworden. Es war eine wunderschöne Feier mit herrlichem Feuerwerk Am Ruppiner See. Um 0:00 Uhr habe ich mit meinem Schatz und guten Freunden und Freundinnen auf das neue Jahr angestoßen. Ich bin sehr gespannt darauf, was das neue Jahr mir so bringen mag. Am 06.01.2015 muss ich leider wieder zur Mammografie. Ich habe große Angst davor. Ich finde, dass es mir immer große Schmerzen bereitet, wenn sie mir die Brust so einquetschen. Zumal ich jetzt sehr große Narben habe. Und dann ist da immer noch die Angst, dass etwas gefunden werden könnte. Ich hoffe nur, dass es gut geht. Ich melde mich dann auf alle Fälle nach der Mammografie, um das Ergebnis mitzuteilen.

Montag, den 05.01.2014

Heute am Montag, den 05.01.2015 kehrt nun bei uns wieder der Alltag ein. Mein Schatz muss heute wieder arbeiten und unsere Tochter geht heute wieder in die Schule. Es waren schöne harmonische 14 Tage, die wir miteinander zu Hause verbracht haben. Ich will heute noch meine Ärztin aufsuchen, wegen des Auszahlscheins und die Überweisungen zur Onkologie und Mammographie. Jetzt gleich will ich noch 1 Stunde mit einer guten Freundin walken.

Dienstag, den 06.01.2015

Ich komme gerade von der Mammographie. Es war ein nettes Gespräch mit der Ärztin. Meine operierte Brust ist unauffällig, bis auf etwas Narbengewebe. In der linken Brust befindet sich eine kleine Ziste, die aber nicht gefährlich ist. Im ersten Moment habe ich gedacht, dass wieder ein Tumor gefunden wird. Aber die Ärztin beruhigte mich. Im 1/2 Jahr wird wieder eine Mammographie fällig. Ich bin nun froh, dass ich es erstmal geschafft habe. Ich teilte es gleich meinen Freundinnen mit. Als ich nach Hause kam setzte ich mich gleich an den Rechner.

Ich konnte heute nicht glauben, was ich im Internet gelesen habe:

Leider habe ich gerade erfahren, dass Cisco Berndt (Mitbegründer von Truckstop) am Ende des letzten Jahres im Alter von 72 Jahren verstorben ist. Wir gehören zu den langjährigen Fans von Truckstop und bedauern es sehr, dass er von uns gegangen ist. Wir waren im vergangenen Jahr noch beim Abschiedskonzert in Hamburg dabei. Nach dem Weihnachtskonzert erzählte er uns noch, dass er 2014 zurück zu seinen Wurzeln kehren möchte. Er hat daher noch eine neue CD rausgebracht, die ich sehr empfehlen kann. Zu meinem Geburtstag haben wir noch zu seiner neuen Musik getanzt. Das sind alles klasse Lieder. Wir sind zutiefst traurig und werden ihn vermissen. Seine Lieder leben in unserem Herzen weiter.

. Mittwoch, den 14.01.2015

In einer überbevölkerten Welt wird es immer schwerer werden, den einzelnen noch zu sehen und wertzuschätzen. Immer mehr werden wir als Menschenblöcke gesehen, hochgerechnet, eingesetzt, ausgenutzt, übersehen -alles im Kollektiv. Uns auf den einzelnen zu konzentrieren ist die Art, dagegen

anzugehen. Zu lieben heißt, dem anderen zu einem Sinn für das eigene Leben zu verhelfen.

Diese Gedanken gehen mir im Augenblick durch den Kopf. Ich mache mir große Sorgen, was in dieser Welt im Augenblick passiert. Und dennoch gibt es so viel Positives, was geschieht.

Am letzten Sonnabend bin ich doch zum Konzert von Sebastian Krumbiegel gewesen. Seine Lieder und Texte haben mich sehr beeindruckt und gefallen. Da ist ein Klavierspieler, der sich über das Leben, die Liebe, die Freundschaft und das Miteinander leben auf der ganzen Welt so seine Gedanken macht und sich auch einmischt.

Auch ich mache mir so meine Gedanken, dass es auf dieser Welt friedlich bleibt.

Sonnabend, den 10.01.2015

Heute am Sonnabend ist es hier recht stürmisch. Gestern Nacht ist auf dem Schlossgelände ein riesiger Baum umgefallen. Das gab einen riesigen Krach. Es ist Gott sei Dank Niemanden etwas passiert. Ich dachte so bei mir, dass der Baum so lange gebraucht hat um zu wachsen und nun einfach aus dem Leben gerissen wird. Ich dachte da schon wieder an meine Krankheit und habe festgestellt, dass das Leben von einen auf den anderen Moment zu Ende sein kann. Deshalb lebe ich im hier und jetzt und mache das Beste aus meiner Situation.

Heute Abend gehe ich mit einer Freundin noch zu einem Konzert mit Sebastian Krumbiegel in die Kulturkirche Neuruppin. Sebastian Krumbiegel ist Sänger der Gruppe Prinzen. Ich mag diese Musik und freue mich auf den Abend. Das Motto der Veranstaltung lautet übrigens: "Ein Mann, sein Klavier und ihr".

Montag, den 12.01.2015

Heute am Montag, den 12.01.2015 muss ich wieder in die Onkologie. Ich bekomme dann wieder die Zometainfusion. Diese Infusion soll meine Knochenmetastasen in Schach halten. Ich habe jedes Mal Angst davor, wenn ich diese Infusion erhalte. Bis jetzt habe ich sie immer ganz gut vertragen. Ich treffe dort in der Onkologie immer andere betroffene Frauen. Man kann sich immer herrlich mit ihnen austauschen. Das tut mir dann ziemlich gut und lenkt mich von der ganzen Krankheit ab.

Gerade eben bin ich wieder nach Hause gekommen. Ich habe die Infusion erhalten und fühle mich wieder einmal etwas schwach. Ich werde mich gleich noch etwas hinlegen. Ich hatte heute dort vor Ort wieder sehr schöne Gespräche. Alle Frauen, die man dort trifft, strahlen alle einen Optimismus aus, obwohl alle Frauen ganz schön was durchmachen müssen.

Dienstag, den 13.01.2015

Das o.g. Foto erinnert mich an den Fallschirmsprung von unserer Tochter im August 2014. Wir haben ihr diesen Sprung zur bestandenen Fahrschulprüfung im letzten Jahr geschenkt. Im August hat sie diesen Sprung nun eingelöst. Wir waren mit der Familie und sehr guten Freunden auf dem Flugplatz dabei. Jenny ist nun schon zum 2.Mal gesprungen. Sie war ganz Happy. Wir haben uns ein Video von dem Sprung anfertigen lassen. Ich staune sehr über den Mut von unserer Tochter. Sie sucht immer wieder neue Herausforderung für sich.

Ich bin soeben vom Sport zum Leben zurückgekommen. Es hat mir dort heute wieder sehr gut gefallen. Ich habe mich mit anderen betroffenen Frauen und Männern unterhalten, die auch an Krebs erkrankt sind. Man fühlt sich nicht so alleine gelassen mit seiner Situation, wenn man sich mit anderen Menschen austauschen kann.

Donnerstag, den 15.01.2015

Tausende bei den Pegida-Demos in Dresden, geplante Flüchtlingsunterkünfte, die in Flammen aufgehen, Terroristenanschlag in Paris - diese und ähnliche Nachrichten lassen mich derzeit nicht mehr los. Ach wie schnell kann die Welt aus den Fugen geraten. Ich mache mir große Sorgen, dass es alles auch friedlich bleibt und keine weiteren unschuldigen Menschen zu Schaden kommen.

Ich erinnere mich an die Flucht meiner beiden Omas zusammen mit ihren Kindern, damals von Hinterpommern aus. Auch sie haben damals große Ängste ausgestanden. Sie haben nie darüber gesprochen. Sie waren damals froh, dass sie in ihren neuen "Heimatorten" gut aufgenommen wurden. Es hat mir immer imponiert, wie sie aus dem Wenigen was sie hatten, eine Gärtnerei aufzubauen und einen riesigen Hof zu bewirtschaften. Ich erinnere mich oft an meine Kindheit, wo ich oft in den Gewächshäusern mitgeholfen habe. Meine Eltern hatten sich hier in meinen Heimatort auch eine Gärtnerei aufgebaut. Leider existiert die Gärtnerei nicht mehr. Aber es ist aus der Gärtnerei (in unserer Nachbarschaft) ein wunderschöner Park entstanden. Der Park wurde von dem Museumschef Herrn Erhard B. über eine Stiftung an unsere Gemeinde gestiftet. Wir sind sehr dankbar dafür, dass hier direkt neben unserem Grundstück ein schöner Park entstanden ist. Der Park wurde benannt als „Alte Gutsgärtnerei".

Die Tannen, die Papa damals gepflanzt hat, stehen noch in voller Pracht. Auch der Schornstein mit einem Storchennest oben drauf ist uns erhalten geblieben. Papa hat sich Seinerzeit mit dafür eingesetzt, dass eine Nisthilfe auf dem Schornstein angebracht wird. Es ist jedes Jahr etwa im April immer ein wunderbarer Moment, wenn die Störche wieder zurückkommen und den Sommer auf dem Schornstein verbringen. Sie haben über die Jahre auch schon eine ganze Menge Jungstörche zur Welt gebracht. Das ist einfach so friedlich. Im letzten Jahr hatten die Störche 2 Jungstörche. Ich freue mich jetzt schon darauf, wenn die Störche dieses Jahr wiederkommen.

Heute bin ich nachmittags noch walken gewesen. Das Wetter war zwar nicht so besonders, aber die Waldluft hat mir sehr gut getan. Ich bekomme immer den Kopf so schön frei, wenn ich durch den Wald walke. Es ist so schön in der Natur.

Freitag, den 16.01.2015

Heute ist Freitag, das Wochenende naht. Meine Tage vergehen hier zu Hause auch wie im Fluge. Seit Dezember 2014 gehöre ich nun auch zu den Erwerbsminderungsrentnern. Zuerst konnte ich mich gar nicht damit anfreunden, jetzt Rentner zu sein. Bei der AHB beim Psychologen Gespräch habe ich zu meiner Psychologin gesagt:

"Das Arbeit, mal das Wichtigste in meinen Leben war. Aber nun sind mir das Leben, meine Familie, Freunde, Gesundheit und all die vielen anderen Dinge viel wichtiger." Auch wenn ich jetzt erheblich weniger Geld zur Verfügung habe, ist meine Lebensqualität gestiegen.

Aber jetzt vertreibe ich mir die Zeit mit all den Dingen, die ich gern schon einmal machen wollte. Ich mache Sport, gehe walken, ernähre mich gesünder, lese, schlafe und schreibe z.B. an diesen Blog. Aus den Blog will ich später einmal ein Buch machen. Ich möchte etwas für die Nachwelt hinterlassen. In diesen Blog komme ich dazu, meine Gedanken und Gefühle auszudrücken und kann auch den Krankenhausaufenthalt, die Port OP, die Bestrahlungen, die AHB und nun die Zometagabe besser verarbeiten. Ich bin manchmal nicht in der Lage mein Problem auszudrücken. Deshalb schreibe ich meine Gedankenwelt hier lieber nieder. Genauso bin ich jetzt dabei meine Vergangenheit aufzuarbeiten.

Sonntag, den 28.02.2016

Ich muss sehr oft an unseren gemeinsamen Urlaub auf Rügen denken. Wir fahren schon seit 10 Jahren regelmäßig nach Saßnitz in dieselbe Pension. Es gefällt uns da ganz prima. Einen Abend verbringen wir immer bei den Störtebeker Festspielen. Das ist für mich und meine Familie mittlerweile zur festen Tradition geworden. Auch in diesem Jahr habe ich die Karten für Störtebeker schon bestellt. Ich freue mich immer sehr auf diesen Abend. Meistens gehört in unseren Urlaub auch eine Wanderung entlang der Kreidefelsen dazu. Wir genießen, die gemeinsame Zeit, die wir bei den Wanderungen miteinander verbringen. Ich kann nur jeder Familie einen Urlaub auf Rügen empfehlen. Die ganze Insel ist ein einziges Abenteuer, die zum Träumen einlädt.

Am Strand von Stolpmünde im Oktober 2017

Mittwoch, den 21.01.2015, Brustkrebs, Wellness und Sauna

Gestern bin ich wieder beim Sport zum Leben gewesen. Ich habe mich dort mal erkundigt, ob ich in die Sauna gehen kann. Eine Sportassistentin sagte mir, dass Saunas bis 60 ° bei mir möglich wären. Meine Lymphknoten sind ja Gott sei Dank nicht befallen. Es wurde mir bei der OP nur der Wächterlymphknoten entfernt. Ich habe mich gleich bei einer Brustkrebsgruppe zur Bewegung im Wasser mit

44

Saunagängen angemeldet. Mit in die Sauna möchte ich dann auch gehen.

Heute Nachmittag gehe ich zu einem Vortrag über Reha-Sportmöglichkeiten in die Geriatrie. Mit meiner Ärztin will ich mich vorher auch noch konsultieren. Für mich gehört Wellness und Sauna einfach zum Leben dazu.

Ich habe mich mal in einem Prospekt von Brustkrebs bewegt belesen: Folgende wichtige Punkte sind bei den Saunagängen zu beachten:

1. Während der gesamt Akuttherapie (OP, Bestrahlung und Chemotherapie) sollten man einen Saunabesuch vermeiden.
2. Man sollte frühestens sechs Wochen nach der OP und 2 bis 3 Wochen nach der Bestrahlung das erste Mal wieder in die Sauna. Durch die Bestrahlung entstandene Hautirritationen können sich verschlimmern oder die OP-Narbe kann sich entzünden.
3. Außerdem besteht bei einem geschwächten Immunsystem eine erhöhte Infektionsgefahr.
4. Klären Sie in jedem Fall mit Ihrem behandelnden Arzt, ob einen Saunabesuch noch etwas im Wege steht.
5. Sauna mit Lymphödem? Generell ist ein Saunabesuch auch mit einem Lymphödem möglich. Beginnen Sie mit kurzen Saunagängen bei niedrigen Temperaturen und langen Ausruhphasen (mind. 30 Min.) Bei Schwindel, Schmerzen oder Schwellungen sollten Sie den Saunagang sofort abbrechen! Bei einer auftretenden Schwellung sollten Sie den betroffenen Arm ausgestreckt hochlegen und kühlen (ggf. Kompressionsstrumpf anlegen).
6. Für den ersten Saunagang sollten Sie eine Sauna mit niedrigen Temperaturen (50° bis 70 °C) oder eine Dampfsauna wählen. Verweilen Sie dort etwa zwei bis drei Minuten. Machen Sie danach eine Pause von

einer halben Stunde. Wiederholen Sie den Gang insgesamt dreimal.

Leider habe ich es heute nicht geschafft an den Vortrag über Reha-Sportmöglichkeiten teil zu nehmen. Ich versuche es dafür am nächsten Dienstag noch einmal.

Donnerstag, den 22.01.2014, Bewegung im Wasser tut mir gut.

Bewegung im Wasser tut mir gut.

Ich habe mich heute mal belesen, über Bewegung bei Brustkrebs: Bewegung im Wasser sorgt für eine bessere Durchblutung des Körpers. Der hydrostatische Druck, der Druck des Wassers, wirkt hierbei der Bildung eines Lymphödems entgegen. Bewegung im Wasser bietet eine Vielzahl an Möglichkeiten. Bei einer Wassertemperatur zwischen 24 und 30 Grad sind fast alle Bewegungen wohltuend und angenehm. Folgende Punkt sind dabei zu beachten:

- Da eine vollständige Wundheilung Voraussetzung für den Aufenthalt im Wasser ist, habe ich frühestens acht Wochen nach der Brustoperation und Bestrahlung mit der Bewegung im Wasser begonnen.
- Aufwärmen und Gewöhnung: Gehen Sie dafür beispielsweise locker ein paar Minuten durch das brusthohe Wasser. Bewegen Sie aktiv ihre Arme nach vorne und hinten gegen den Wasserwiderstand. Vergrößern Sie allmählich ihre Schritte und gehen Sie so weitere 30 Sekunden im Wasser umher.
- Gehen Sie im normalen Gang durchs Wasser und heben für 30 Sekunden bei jedem Schritt im Wechsel ihre Knie hüfthoch an.
- Als erste Schwimmtechnik eignet sich das Brustschwimmen, da dieses besonders schonend für den Brustbereich ist.

46

- Worauf man achten sollte: Ein leichtes Ziehen im Bereich der Narbe ist normal, wobei starke Schmerzen vermieden werden sollten!
- Machen Sie eine Pause, wenn es zu anstrengend wird.
- Schwimmen Sie so, dass Sie von sich sagen können: „Das ist etwas anstrengen!"
- Wichtig ist, dass man sich regelmäßig bewegt, 1-2-mal pro Woche jeweils 45 bis 60 Minuten wären optimal.

Ich will mich daher einer Wassergymnastikgruppe anschließen. Ich habe meine Sporttherapeutin schon auf die Sportgruppe angesprochen und werde das erste Mal in der nächsten Woche dorthin gehen. Ich freue mich schon sehr darauf.

Auf dieser Seite findet man weitere Übungen, Tipps und Anregungen.

Freitag, den 23.01.2014

Ich habe heute schon eine kleine Überraschung gehabt. Meine beste Freundin hatte mir zu meinem Geburtstag einen Überraschungspräsentkorb mit 12 verschiedenen Geschenken überreicht. Sie hat alles ganz lieb verpackt und alles schön beschriftet. So kann ich an jedem 24. Tag des Monats immer eine neue Überraschung von ihr öffnen. Ich finde die Idee sehr gut. Sie hat immer so tolle Ideen. Heute war das Buch:

Für Eile fehlt mir die Zeit von Horst Evers

mein Geschenk. Ich habe mich sehr über dieses Buch gefreut und gleich begonnen, darin zu lesen. Ein Buch mit lustigen Kurzgeschichten, die zum Lesen und Lachen einladen. Ich werde sie heute Nachmittag noch anrufen und mich bei ihr für das Buch bedanken.

meinlebenmitbrustkrebs.blogspot.com

Sonntag, den 25.01.2015, Besuch des Brandenburg-Preußen-Museums in Wustrau

Ich habe mir heute mal etwas Kultur und Geschichte gegönnt. Zusammen mit meiner Freundin habe ich heute an einer Führung im Brandenburg-Preußen Museum in meinen Heimatort Wustrau teilgenommen. Diese Führung hat mir sehr gefallen.

Dienstag, den 27.01.2015, Berlin

Gestern habe ich einen Ausflug nach Berlin mit einer guten Freundin, ihren Mann und Sohn unternommen. Ich fand es total nett, dass ich von ihnen mitgenommen wurde. Ich besuchte mit meiner Freundin die Fashion Gallery in Berlin. So konnte ich etwas Einblick in die Welt der Mode gewinnen. Wir wurden dort sehr höflich und nett empfangen. Meine Freundin hat eine kleine Boutique in Neuruppin, die ich jeder Frau empfehlen kann, die mal in Neuruppin zu Besuch ist.

Der Laden heißt Modeeck B. und befindet sich direkt gegenüber von der Italienischen Eisdiele an der Ecke des Bernhard-Brasch-Platzes in Neuruppin. Sie hat sich vor 5 Jahren selbstständig gemacht. Ich bewundere sie dafür. Ich finde, dass es in der heutigen Zeit: in Zeiten des Internets schwierig ist, einen kleinen Laden zu führen. Viele kaufen ihre Bekleidung über das Internet, was ich eigentlich sehr schade finde. Ich bevorzuge daher mir lieber die Sachen in einem guten Fachgeschäft wie z.B. bei meiner Freundin zu kaufen, indem ich gut beraten werde. So kann ich die Qualität und Schönheit der Sachen viel besser einschätzen. Die Sachen kann man vor Ort anprobieren und sehr schön mit anderen Stücken kombinieren.

Meine Freundin musste leider denselben Schicksalsschlag wie ich erleben, sie ist auch von Brustkrebs betroffen.

Auf dem Foto oben sieht man unseren Garten abgebildet. Ich habe mir in diesem Jahr vorgenommen, mich wieder etwas mehr um meinen Garten zu kümmern. In den letzten Jahren hatte ich immer wenig Zeit für diese Beschäftigung. Nun habe ich Zeit und Muße für diese Beschäftigung. Es macht mir große Freude mich an der frischen Luft im Garten zu bewegen. Da kann man so herrlich abschalten und einfach die Erde und die freie Natur und vor allem die frische Luft genießen. Ich werde mir dann wieder ein paar Erdbeeren und auch ein paar Kräuter anbauen.

Ich freue mich schon auf den Frühling, wenn ich damit beginnen kann.

Mittwoch, den 28.01.2015, Reden über den Tod

Gestern bin ich wieder beim Sport gewesen. Das hat mir ganz prima gefallen. Ich habe vorher zufällig einen netten Bekannten getroffen und mich mit ihm etwas unterhalten. Er frug mich, wie es mir so geht. Ich sagte ihm, dass es mir sehr gut geht. Und dann kamen mir auf einmal doch die Tränen. Er hat seine Frau auch vor ein paar Jahren wegen des Krebses verloren und das hat mich so traurig gemacht. Ich erzählte ihm auch von mir und meiner Therapie. Ich ließ meine Tränen nur so laufen und fing mich aber gleich wieder. Er stand mir gegenüber und wischte meine Tränen ab. Das hat mir ziemlich gutgetan, soviel Verständnis von ihm zu erhalten. Ich erzählte ihm auch, dass ich auch zu Anfang meiner Erkrankung so viele Ängste hatte, nicht mehr lange leben zu können. Am meisten machte mir damals Angst, wie es mit meiner Tochter und meinen Partner ohne mich weitergehen soll. eine größte Sorge war meine Familie, weil ich dachte, die könnten ohne mich nicht weiterleben...Warum ich heute so offen über meine Geschichte rede, oder so wie hier schreibe, hat den einfachen Grund, mir geht es heute, trotz vieler Einschränkungen sehr gut und da wird man ein bisschen demütig. Ich will damit zeigen, dass man mit so einem tiefen Einschnitt ins Leben trotzdem gut weiterleben kann. Mein

Partner und auch unsere Tochter hatten zum Anfang auch so viele Ängste. Wir haben viel darüber gesprochen.

Da sagte er auch, dass er als Lebenspartner auch so viel Angst gehabt hatte, in der Zeit als seine Frau so krank war. Aber es gab auch immer wieder Hoffnung. Leider hat seine Frau den Kampf gegen den Krebs verloren. Sie ist nur 53 geworden. Er sah da auch so ziemlich traurig aus, wo er darüber sprach. Wir haben uns dann aber beide wieder gefangen. Ich teilte ihm dann noch meinen Optimismus mit und dass ich mein Leben jetzt total anders lebe und auch das es so viel Positives um mich herum passiert, was mir wiederum Kraft gibt. Er wünschte mir alles Gute.

Dann ging ich wieder zum Sport und traf mich mit einem 72.Jährigen Ehepaar. Das Ehepaar nimmt schon seit Jahren an einem Programm: Sport zum Leben teil. Die beiden wirken dadurch ziemlich fit und sind auch geistig sehr aktiv. Sie haben auch noch ein privates Geschäft. Ich bewundere die beiden, wie sie so miteinander umgehen. Leider fallen mir dann immer wieder meine Eltern ein, die es leider nicht so gut getroffen haben. Sie sind alle beide an Demenz erkrankt. Das macht mich sehr traurig.

Donnerstag, den 29.01.2015, Freunde des Brandenburg Preußen Museums

Gestern Abend wurde ich zum ersten Mal zum Neujahrsempfang der Freunde des Brandenburg-Preußen Museums eingeladen. Die Interessengemeinschaft "Freunde des Brandenburg-Preußen Museums Wustrau" ist ein loser, nicht auf Vereinsbasis bestehender Kreis von Interessierten, der sich der Stiftungssatzung des Brandenburg-Preußen Museums, Stiftung Ehrhardt Bödecker, verbunden fühlt und das Museum in diesem Auftrag unterstützt.

Es hat mir dort sehr gut gefallen und ich wurde sehr nett und freundlich in der Interessengemeinschaft aufgenommen. Ich habe mich dort allen anderen vorgestellt. Es sind in diesem Jahr einige Veranstaltungen im Brandenburg-Preußen Museum geplant. Brandenburg-Preußen Museum

Ich will dabei die Interessengemeinschaft unterstützen und mich durch Hilfe bei den Veranstaltungen mit einbringen.

Ich finde es schön, dass ich jetzt Zeit für solche Aktivitäten habe. Vor meiner Erkrankung stand ich oft unter Zeitdruck. Da hatte man nie richtig Zeit an solchen Veranstaltungen mit zu wirken.

Nun nehme ich mir Zeit für die schönen Dinge im Leben. Auch geistige Anregung mit der Geschichte des Dorfes finde ich sehr interessant.

Auch im Jahr 2013 fand die 550.Jahr Feier am 15.Juni 2013 statt. Ich habe dort auch mitgemacht.

Wir Wustrauer haben 550. Jahre nachgestellt. Ich war verkleidet auf Zietens Beerdigung zugegen.

Ich muss schon sagen, dass mir dieses Fest ziemlich gut gefallen hat. Da bin ich einen ganzen Tag lang in einem schönen vornehmen Kleid durch die Gegend gerannt und habe mich wirklich sehr wohl gefühlt. Wie man auf den nachfolgenden Bildern erkennen kann hatte ich, auch damals zur zum Festumzug am 15.Juni 2013 sehr viel Spaß damit.

Freitag, den 30.01.2015, Walken und Sport

Ich bin gestern noch 1 Stunde Walken mit einer guten Freundin gewesen. Das Wetter schlug auf einmal total um. Es wurde sehr windig und kalt. Es war trotz alledem sehr schön, die frische Luft einzuatmen Ich fühle mich in solchen Augenblicken immer total frei und glücklich.

Abends habe ich dann Lasagne für uns gemacht und wir haben es uns schmecken lassen. Meine Tochter will für 1 Woche Snowboard nach Italien fahren, zusammen mit Ihrem Freund und anderen Freunden und Freundinnen. Ich freue mich sehr für sie, dass sie dort hinfährt. Aber trotzdem habe ich etwas Angst, dass auch alles gut geht. Sie fährt zum ersten Mal in den Winterurlaub.

Heute Nachmittag will ich zum ersten Mal zum Schnuppern in eine Wellnesssportgruppe gehen. Dort komme ich mit einer Brustkrebsgruppe ins Gespräch. Ich freue mich schon darauf und bin schon gespannt auf die Frauen, die ich dort kennen lernen werde. Man kann sich in der Gruppe so herrlich über alle Probleme austauschen.

In Netzfrauen habe ich mich eben mal näher mit dem Thema Gesunde Ernährung beschäftigt.

Vielen Dank für den Artikel. Ich verzichte schon seit einiger Zeit auf Cola. Zumal mir schon immer klar war, dass in der Cola so viel Zucker enthalten ist. Der Zucker ernährt die Brustkrebszellen habe ich mich mal belesen. Ich kann hierzu auch gern mal das Buch: Krebszellen mögen keine Himbeeren – Nahrungsmittel gegen Krebs jedem empfehlen, der sich etwas genauer damit beschäftigen möchte. In diesem Buch stehen sehr gute Tipps wie man das Immunsystem stärken und gezielt vorbeugen kann. Leider ist mir diese Erkenntnis erst nach meiner Brustkrebsdiagnose gekommen. Ich beschäftige mich dadurch jetzt viel mehr mit einer gesunden Ernährung.

Leider trinkt unsere Tochter und auch andere Jugendliche sehr viel Cola. Es ist sehr schwer sie davon abzubringen und darauf zu verzichten. Die Cola muntert natürlich auf, schmeckt erfrischend und gibt den natürlichen Kick. Aber man kann die Spätfolgen noch nicht abschätzen.

Viele Grüße von Andrea

meinlebenmitbrustkrebs.blogspot.com

Sonnabend, 31.01.2015, Spaziergang durch Wustrau nach Altfriesack

Heute bin ich mit einer Freundin nach Altfriesack durch den Schnee gewalkt. Die Umgebung sah aus wie im Märchen. Die Luft war ganz klar um tief durchzuatmen. Man kann an der frischen Luft so herrlich Kraft tanken.

Gestern bin ich abends bei der Wassergymnastik gewesen. Heute habe ich etwas Muskelkater. Die Wassergymnastik hat mir sehr gut getan. Man gewinnt im Wasser bei den Übungen immer mehr Selbstvertrauen zu seinem Körper. Zum Schluss hatte ich einen kleinen Krampf im Fuß. Es hat sich aber schnell wiedergegeben.

Sonntag, den 01.02.2015, Winterliches Wustrau

Auch heute habe ich wieder einen schönen Spaziergang gemacht. Bei meinen Wanderungen bekomme ich den Kopf immer so schön frei. Unsere Tochter hat uns aus Italien benachrichtigt, dass sie alle gut angekommen sind. Man hat doch immer so eine kleine Angst, dass auf den Straßen nichts passiert. Zumal es ja ganz schön geschneit hat. Sie ist zu zwölft zum Snowboarden dorthin gefahren. Ich wünsche Ihr viel Spaß dabei.

Gestern Abend hat Sie mir über WhatsApp noch Bilder von der Skihütte gesendet, über die ich mich sehr gefreut habe.

In der letzten Woche ist eine neue Ausstellung mit Werken des Templiner Malers Matthias Schilling und des italienischen Bildhauers Carlo Scantamburlo in der Tagungsstätte Wustrau der Deutschen Richterakademie begonnen worden. Die Deutsche Richterakademie befindet sich direkt gegenüber von uns.

„Natur, ein Sehnen in uns" ist der spannende Titel der neuen Ausstellung des Templiner Malers Matthias Schilling und des

Bildhauers Carlo Scantamburlo aus dem italienischen Trentino in der Tagungsstätte Wustrau der Deutschen Richterakademie. Die Ausstellung wird am 29. Januar 2015 um 19.30 Uhr mit einer festlichen Vernissage eröffnet werden. Zu sehen sind bis zum 17. April 2015 mehrere Dutzend Bilder in Acryl (Schilling) und lavierter Tusche (Sancatamburlo) sowie Graphiken, die allesamt Naturlandschaften – namentlich Bäume – zeigen. Ebenfalls Naturmotiven sind die Holzskulpturen gewidmet, die die Bildwerke in harmonischer Weise ergänzen.

Leider konnte ich zur Eröffnung nicht dorthin gehen. Im Herbst bin ich dort auch schon mal zu einer Ausstellungseröffnung einer Malerin gewesen. Die Bilder haben mir sehr gefallen. Eines ihrer Bilder erinnerte mich an die Gewächshäuser von der alten Gärtnerei, in denen ich mich als Kind oft aufgehalten habe und dabei meine Mutti besuchte. Es war immer eine sehr schöne Atmosphäre im Gewächshaus. Meine Mutti war die Herrin über ein riesiges Gewächshaus mit 3 Schiffen voller Nelken, in vielen verschiedenen Farben. Es duftete dort so herrlich und es war auch eine Augenweide. Die Bilder haben mich heute sehr an die Gärtnerei von meinen Eltern erinnert. Leider gibt es diese Gärtnerei nicht mehr. Es macht mich manchmal sehr traurig, dass alles so gekommen ist und di Gärtnerei im Jahre 2000 schließen musste. Mein Vater und meine Mutter haben das leider nicht verkraftet. Mein Vater und meine Mutter leiden beide an Demenz.

Anschließend habe ich mich dann noch mit der Künstlerin unterhalten.

Montag, den 02.02.2015, Buchhaltung und Gespräche

Heute kümmere ich mich mal um meine Buchhaltung. Ich will an der Steuererklärung für das letzte Jahr etwas arbeiten. Ich mache meine Steuererklärung seit Jahren mit dem WISO-Steuersparbuch, dass ich nur jedem empfehlen kann. Ich merke, wie es mir in diesem Jahr schwerer fällt, die

Steuererklärung selbst zu machen. Aller Anfang ist schwer. Aber wenn ich mich erst dabei setze, ist die halbe Arbeit schon getan. Hinterher bin ich dann natürlich wieder stolz, wenn ich das Alleine ohne fremde Hilfe geschafft habe.

Ich habe mir heute Mittag einen schönen Kohlrübeneintopf gekocht und es mir schmecken lassen. Das alte Rezept erinnert mich so an früher. Das hat meine verstorbene Schwiegermutter mir mal gezeigt. Ich finde es richtig lecker und musste an sie denken, als ich die Suppe gegessen habe. Mein Schatz wird sich heute Abend nach seiner Arbeit sicher auch auf die schöne, kräftige Suppe freuen.

Meine Gedanken zum Buch Narbenherz von Jessica Wagener.: Ich finde es ganz prima, dass Jessica in die Welt hinauszog, um die Welt zu sehen und den Krebs zu vergessen. Dieses Buch ist eine unterhaltsame Reise zu sich selbst. Sie sagt sich noch während der Chemo: Wenn ich das überstehe, vergeude ich keine kostbare Zeit mehr. Und so begibt sie sich auf die Reise ihres Lebens. Doch nicht nur die Angst vor der Krankheit reist mit, sondern auch ihr gebrochenes Herz heilt unterwegs nicht so leicht wie gedacht.

Ich bewundere die Autorin für Ihren Mut, die Welt alleine zu erkunden. Auch ich habe manchmal schon überlegt mich auf so eine Reise des Lebens zu begeben. Leider habe ich nicht genug Mut, dass auch umzusetzen. Daher Belese ich mich lieber in solchen schönen unterhaltsamen Büchern und lasse meine Phantasie spielen und stelle mir in Gedanken, die Umgebung der Schauplätze vor. Des Weiteren schwelge ich in Erinnerungen und denke an meine Reise 1992 nach Florida und auch unsere anderen Reisen nach Mallorca, Kreta, Türkei, Bulgarien und natürlich auch die Ostsee. Mir kommen da so viele Gedanken darüber, was in meinen Leben alles schon so passiert ist.

Schön, dass wir einige unserer Reisen damals mit der Videokamera festgehalten haben. So machen wir uns es sehr oft im Winter zu Hause gemütlich und schauen dabei die alten Filmaufnahmen an.

PHANTASIEREISEN, HEILEN UND LEBEN.

Mittwoch, den 03.02.2015, Blogfeedbacks

Ich bin gerade zurück von meinem morgendlichen Walking (1h gemütliches Laufen durch die schöne verschneite Landschaft ca. 4 -5 km). Das Laufen gehört für mich nun schon zu meinen morgendlichen Ritual dazu. Ich fühle mich danach richtig frisch und munter. Ich habe mich gestern Abend noch gefreut bei Fisch & Fleisch.at aufgenommen worden zu sein. Hier kann ich Blogbeiträge kommentieren und mir auch Tipps und Ratschläge zu allen möglichen Themen wie z.B. Gesundheit, Meinungen, Reise, Essen, Sport etc. holen. Meine eigenen Blogbeiträge werde ich dort auch tätigen. Ich habe mich sehr über das schnelle Feedback gefreut, dabei sein zu können.

Nachher werde ich noch nach Neuruppin zum Sport zum Leben: ein Bewegungstherapeutisches Kursangebot für onkologische Patientinnen und Patientinnen. Der Sport tut mir gut und macht mir Mut. Ich gehe dort jede Woche 1-mal hin. Das Programm für 30 Trainingseinheiten mit einer Dauer von 60 Minuten wurde durch die Stiftung Leben mit Krebs ins Leben gerufen. Ich muss schon sagen, dass ich mich in dieser Trainingsrunde ziemlich wohl fühle. Mein Ziel ist, die Belastungen von Erkrankung und Therapie durch regelmäßige sportliche Betätigung aktiv zu überwinden, und mit erhöhter Kondition und Kraft für den Alltag meine Lebensqualität zu verbessern. Die Hälfte meiner 30 Trainingseinheiten habe ich schon absolviert. Ich muss schon sagen, dass es mir durch den Sport schon bessergeht.

Ich habe im Radio gerade ein Jüdisches Sprichwort gehört:

Wenn nicht ich, wer denn? Wenn nicht jetzt, wann dann? Wenn nur für mich, wer bin ich?

Dieses Sprichwort wird mich nun durch den Tag begleiten.

Freitag, den 06.02.2015, Ausflug nach Neuruppin Gerdas Kaffee und Seepromenade

Gestern Nachmittag habe ich mich mit einer lieben Freundin in Gerdas Kaffee getroffen. Ich habe mich sehr gefreut, sie wieder zu sehen. Wir haben Kaffee getrunken und haben ein paar herrliche Schokocupcakes gegessen. Anschließend haben wir noch einen schönen Spaziergang an der Strandpromenade entlang gemacht. Die Sonne schiente so richtig herrlich. Es tat mir richtig gut mich mit ihr zu treffen. Wir hatten uns mindestens ein 1/2 Jahr nicht mehr gesehen. Aber wegen des schönen Wetters haben wir uns ganz spontan verabredet. Wir konnten so schön über alte Zeiten quatschen. Ich kenne sie schon ziemlich lange. Als wir noch jung waren, sind wir als Gruppenleiter in ein Kinderferienlager mitgefahren. Das hat uns damals beiden einen riesigen Spaß gemacht. Dann hatten wir aufgrund des Studiums von uns Beiden, völlig aus den Augen verloren. Sie ist auch in eine andere Stadt gezogen. Aber Anfang letzten Jahres hatte ein Zufall uns wieder zusammengeführt. Als ich meine Weiterbildung beim WBS in Neuruppin gemacht habe, traf ich sie auf einmal wieder. Wir freuten uns beide sehr, da wir uns eine halbe Ewigkeit nicht gesehen hatten. Wir hatten beide sehr viel zu erzählen. Wir haben herrlich gelacht. Es war ein wunderbarer Nachmittag.

Auf der Gedenktafel ist der Parzival folgendermaßen beschrieben:

Parzival am See, die Suche nach dem Sinn des Seins oder eine Stadt im Aufbruch

von Matthias Zagon Hohl-Stein

Ich komme mir selber manchmal so vor, als wenn ich auch auf der Suche bin.

Auf der Gedenktafel werden die verschiedenen Firmen erwähnt, die als Sponsoren an dem Parzival mitgewirkt haben unter anderen stand auch der Name meiner ehemaligen Arbeitsstelle G., wo ich 20 Jahre als Bauzeichnerin und Bauabrechner gearbeitet habe. Da kamen natürlich auch wieder Erinnerungen in mir hoch. Ich habe bei der Geidel Baugesellschaft 20 Jahre gearbeitet. Ich hatte immer gedacht, dass ich dort bis zur Rente bleibe. Aber leider hat die Firma vor 2 Jahren Insolvenz angemeldet und ich stand von einen auf den anderen Tag auf der Straße. Es war eine schlimme Zeit für mich. Schließlich war ich von Anfang bei dieser Firma dabei. Ich habe dort sehr schöne Jahre verbracht und auch so einige Zeichnungen und Bauabrechnungen für die Stadt und andere Auftraggeber erstellt. Die Firma hatte über die Jahre diverse Kanal-, Straßen- und Hochbaustellen in der Stadt Neuruppin, Nauen, Falkensee und noch viele anderen Städten. Ich bin dabei viel rumgekommen. Auch zusammen mit einem Kollegen war ich auch für die Vermessung zuständig. Ich habe meine Arbeit immer sehr ernst genommen. Ich war auch immer sehr ehrgeizig und gewissenhaft. Ich habe mir dann aber gleich wieder eine neue Arbeitsstelle gesucht, wo ich mich auch recht wohl gefühlt habe. Aber leider verlor ich diese Stelle nach 1 3/4 Jahr auch wieder. Ich war dann immer auch gleich wieder auf der Suche nach einen neuen Job. Ich habe dann auch noch einen Auto CAD Lehrgang in 3D und Auto CAD ARCHITECTURE gemacht. Dann fand ich wieder eine neue Arbeitsstelle in einem Ingenieurbüro für Gebäudeautomation in Schildow. In dieser Firma fühlte ich mich sehr wohl. Ich habe mich wirklich gefreut, dort anfangen zu können. Aber leider konnte ich meine neu erlernten Kenntnisse überhaupt nicht mehr richtig anwenden, da ich an Brustkrebs erkrankt bin. Das verrückte daran ist ja nur, zuerst habe ich immer nach Arbeit gesucht und jetzt wo ich nur noch max. 2- 3 h am Tag arbeiten kann, hat man mir schon 3 Stellen in der Nähe von Berlin angeboten. Das würde sich dann überhaupt nicht so richtig für mich lohnen, da ich einen weiten Anfahrtsweg hätte und bei 2 h am Tag nicht viel Geld verdienen würde. Das Geld würde ich für Spritkosten und Autoreparaturen wieder ausgeben. Ich bin daher auf der Suche direkt bei mir im Dorf nach einem kleinen Minijob. Ich könnte mir auch gut vorstellen von einem Home-Office aus (so ca. 1-2 Stunden am Tag) zu arbeiten.

Manchmal glaube ich, dass ich in meiner Zeit als Bauzeichner- und Bau-Abrechner sehr oft unter Stress und Zeitdruck stand und dass mir das überhaupt nicht gut bekommen ist. Auch sonst hatte ich ganz schön viele Schicksalsschläge zu verkraften. Stress ist ein weiterer Faktor warum Krebs ausbrechen kann.

Manchmal fühle ich mich auch wie der Parzival auf der Suche nach dem Sinn des Seins.

Ich will jetzt nur noch so einer kleinen Arbeit (Minijob) nachgehen, die mich ausfüllt und mir Freude bereitet.

Auszug aus meinen Kommentar bei fischundfleisch von gestern Abend:

Hallo Claudia, ich bin froh das du mir jetzt den Begriff Rezidiv etwas näher erläutert hast. Durch meine engmaschige Kontrolle alle 4 Wochen, wird mein Blut untersucht. Ein 1/2 Jahr nach der OP war ich das erste Mal wieder zur Mammografie. Ich hatte große Angst davor. Zumal ich ganz schlechte Erfahrung mit der Mammographie gemacht habe. Ich hatte kurz vor meiner OP 3 Drähte ohne Narkose in meine Brust gestochen bekommen und mit diesen Drähten musste ich damals die Mammografie über mich ergehen lassen. Das waren so große Schmerzen, es war ein Alptraum für mich. Aber irgendwie habe ich das doch alles tapfer überstanden. Ich war sehr geschockt und traurig, zumal ich an meinen OP Tag fast einen 1/2 Tag auf meine OP warten musste. Es war einfach schrecklich. Als ich Anfang des Jahres dann wieder zur Mammografie gewesen bin, hat man auf der rechten operierten Seite Gott sei Dank nichts gefunden. Aber dafür auf der linken Seite eine kleine Zyste. Diese Zyste soll aber unbedenklich sein und keinen Schaden anrichten. Und trotzdem ist man immer etwas misstrauisch, ob das Ergebnis auch richtig ist. Die Ärztin nahm mich sehr ernst und nahm sich dann aber richtig Zeit und erklärte mir alles ausführlich. Ich habe mich richtig gut mit ihr verstanden. Sie sagte auch zu mir, dass ich eine tapfere starke Frau bin und sie meine positive Einstellung sehr gut findet. Dieses Gespräch hat mir sehr gut getan. Es ist also alles vorerst nochmal gut gegangen, was den Brustkrebs angeht. Aber die Metastasen kann man nur in Schach halten. Ich finde es richtig gut, dass du dich mit den Begriffen wie Rezidiv auseinandersetzt und sie uns allen erklärst. Deine Texte gefallen mir sehr und sie helfen mir weiter. Ich belesen mich seit der Erkrankung auch sehr viel und habe meine Ernährung, meine Bewegung durch Sport und schlafe ausreichend. Auch gehe ich jetzt mehr meinen Vorlieben nach, wie z.B. Lesen und Fotografieren und neuerdings auch an einen Blog schreiben. Ich wünsche Dir noch einen schönen Abend. Viele Grüße von Andrea

P.S. Am Montag muss ich wieder in die Onkologie und bekomme die nächste Zometainfusion. Hoffentlich geht wieder alles Gut. Aber ich bin ja eine Optimistin.

Antwort von Claudia: Liebe Andrea, es freut mich, dass dir meine Texte gefallen. Viele Betroffene lesen gerne Erfahrungsberichte von anderen Erkrankten, das mag für Nicht-Betroffene manchmal eigenartig erscheinen. Erfahrungsaustausch nimmt oft auch Angst, es gibt das Gefühl nicht alleine zu sein und man kann positive Beispiele als Hoffnungsträger nutzen. Krebs muss nicht mehr tödlich enden. Ich wünsche dir für den kommenden Montag alles Gute. Ich habe das Chemozeux immer als Vitamincocktail bezeichnet, obwohl Cispaltin besonders toxisch ist. Fantasie kann auch Realisten behilflich sein Liebe Grüße, Claudia

Sonnabend, den 07.02.2015, Leben im Hier und Jetzt

2014 erkrankte ich an Brustkrebs, und mein Denken während der Krankheit habe ich nun hier in meinen Blog niedergeschrieben. Offen und ehrlich erzähle ich dabei von schweren Zeiten, aber auch "Vom kleinen Glück" dazwischen.

Die Aussage die mich am meisten fasziniert ist die, sie sagt: Leute die krank sind oder krank waren, haben einen Vorteil:

Ich weiß jetzt, dass ich endlich bin.

Und ich mach das wirklich jetzt oft, dass ich, wenn es ganz furchtbar hektisch ist, mich zurücklehne und mir denke, okay, wenn du wüsstest, du hast nur mehr eine Woche zu leben, was würdest du tun, wofür freut es dich, lebendig zu sein?

Und sie sagt auch, Kranke leben im Hier und Jetzt... und damit hat sie vollkommen Recht, wer nicht freiwillig in Hier und Jetzt lebt, den zwingt die Krankheit dazu.

Öfters mal abschalten und in sich gehen, wirkt tatsächlich Wunder.

Meine kleinen glücklichen Momente erlebe ich jetzt auch jeden Tag aufs Neue. Ich nehme kleine Unwägbarkeiten und mich selber nicht mehr so ernst. Ich habe auch gelernt, über kleine Ungeschicklichkeiten und auch über mich selbst zu lachen. Wahrscheinlich habe ich mich jetzt so angenommen, mit all meinen kleinen Macken und Fehlern. Ich sage mir jetzt immer wieder:

Lebe im Hier und Jetzt!

Dafür gönne ich mir jeden Tag aufs Neue kleine Freuden. Heute bin ich zum Beispiel mit 2 Freundinnen im Kaffee verabredet. Ich pflege meine Freundschaften jetzt und hier viel besser als früher. Und das ist auch sehr gut so. Eine von den Beiden holt mich nachher gleich ab. Ich freue mich darauf.

Gerade eben habe ich mir meine CD von Sebastian Krumpiegl angehört. Darauf sang er das Lied:

Irgendwo auf der Welt gibt es ein kleines bisschen Glück.

Dieses Lied macht mich immer sehr rührselig. Ich war neulich auf ein Konzert von Sebastian Krumbiegel (Sänger von den Prinzen) am Piano. Dieses Konzert hat mir wirklich ganz prima gefallen. Sebastian hat an diesem Abend ganz tolle Lieder gesungen. Alle Texte sind ziemlich tiefgründig. Ich habe mich nach dem Konzert noch mit Sebastian Krumbiegel unterhalten. Vor vielen Jahren so kurz nach der Wende waren wir mal hier in der Nähe auf ein Konzert von den Prinzen. Ich bin schon seit vielen Jahren Fan dieser Gruppe.

Ich bin gerade zurück von meinen Kaffeetrinken mit einer Freundin. Es war ein wunderbarer Nachmittag. Wir haben uns herrlich unterhalten. Leider konnte unsere Dritte im Bunde nicht kommen. Sie ist leider erkrankt. (Sie leidet auch schon seit langer Zeit an Krebs und Zuckerkrankheit). Sie hat trotz alledem ebenso wie ich so viel Lebensmut. Ich bewundere sie dafür. Sie hat schon ganz schön viel in ihrem Leben durchmachen müssen. Als ich im letzten Jahr dann auch krank wurde, hat sie mir auch eine Menge Mut gemacht. Am vergangenen Silvesterabend waren mein Partner und ich zu ihren 50.Geburtstag eingeladen. Sie hat ihn zusammen mit ihrem Zwillingsbruder gefeiert. Es war also ein 100.Geburtstag. Es war eine riesige Party. Um 0:00 Uhr haben wir uns draußen das Feuerwerk angesehen und auf das neue Jahr angestoßen und uns viel Glück und

Gesundheit für das Jahr 2015 gewünscht. Es war ein wunderbarer Abend, den ich so schnell nicht vergessen werde. Vielen, Vielen Dank liebe Sylke an dieser Stelle für diesen unvergesslichen Abend.

Montag, den 09.02.2015, Zometagabe, Onkologie, Lymphdrainage

Heute bin ich wieder bei meiner Ärztin gewesen. Sie hat meine rechte Brust untersucht und hat etwas Flüssigkeit in der Brust gefunden. Leider ist ein kleines sekundäres Lymphödem entstanden. Ich habe mich immer so gefreut, dass ich kein Lymphödem hatte und nun ist doch ein kleines Lymphödem entstanden. Meine Ärztin hat mir 10 * Lymphdrainage zur Entstauung verschrieben. Ansonsten war die Ärztin sehr zufrieden mit meinem Zustand. Wir haben die Mammographie ausgewertet. Da war ja soweit alles in Ordnung.

Anschließend bin ich dann wieder einmal in die Onkologie gefahren. Dort war es heute ziemlich voll. Aber die Schwestern waren trotz alledem sehr freundlich und nett und ich musste auch nicht lange warten. Heute saß ich mit 3 weiteren Frauen in einem Raum, mit denen ich mich sehr gut austauschen konnte. Wir haben sogar sehr viel gelacht. Heute wie ich dann nach Hause kam, war ich doch etwas schwach auf den Beinen und musste mich zuerst einmal hinlegen. Ich habe dann ganze 2 Stunden geschlafen. Jetzt geht es mir wieder etwas besser.

Ich will heute Abend noch ein Tofu Gericht kochen. Ich habe das noch nicht ausprobiert. Das Kochen und Brutzeln ist für mich eine sehr gute Beschäftigung, um mich abzulenken. Der positive gute Effekt ist, dass ich dadurch versuche mich immer gesünder zu ernähren. Ich werde in den Blog morgen berichten, ob mir das Gericht mit Tofu gelungen ist.

Dienstag, den 10.02.2015, Tofu Gericht und Ernährung

Gestern Abend habe ich mal ein Tofu Gericht gebraten. Es hat mir sehr gemundet. Folgende Zutaten habe ich dafür genommen:

1. 400 g Bio Tofu Natur (habe ich bei Edeka gekauft)
2. 3 Möhren
3. 1 rote Paprikaschote
4. 1 gelbe Paprikaschote
5. 1 gehackte Knoblauchzehe
6. 1 rote Zwiebel
7. 100 g Weißkohl
8. 4 Esslöffel Pflanzenöl (Rapsöl)
9. 200 ml Gemüsebrühe
10. Salz und Pfeffer und Kurkuma
11. 2 Esslöffel Wasser
12. 1 EL Speisestärke
13. Die Zwiebel schön klein schneiden, die Paprikaschoten, Möhren raspeln, Tofu in kleine Vierecken, Knoblauchzehe hacken, den Weißkohl in Streifen schneiden. Dann diese Zutaten in dem Pflanzenöl anbraten.
14. Sojasoße mit unterrühren und untermischen. So ca. 3 min. Anschließend 2 Essl. Wasser mit der Gemüsebrühe und der Speisestärke verrühren, zusammen aufkochen lassen. Mit Salz, Pfeffer und Kurkuma abschmecken. Ich wünsche einen Guten Appetit.
15. Ich kann nur sagen, mir hat mein erstes Tofu-Gericht in meinen Leben sehr gut geschmeckt. Ich war auch schön lange satt davon. Anschließend habe ich mir noch eine Apfelsine gegönnt.

meinlebenmitbrustkrebs.blogspot.com

Da ich auch bei Google+ Mitglied bin werde ich gelegentlich auf interessante Webseiten aufmerksam machen, von Menschen, die ebenfalls an Krebs erkrankt sind und alle den Kampf gegen den Krebs aufgenommen haben.

Mittwoch, den 11.02.2015 Gehirn und Psyche

Es geht um Krebs und die Erkenntnis was ich immer sage - psychische Belastung ist der Hauptauslöser für Krebs. Das hat Rita heute in einen Post

Kommentar bei fischundfleisch auf mein Post von Gestern von L:

Für mich steht es schon lange außer Zweifel, dass jede Krankheit von unseren Gedanken kommt, und daher auch heilbar ist, aber nur von einen selbst, oder wenn man 100% der Medizin oder dem Arzt vertraut.

Demenz bekommen die Menschen, die alles immer aus Gewohnheit machen, also nicht nachdenken, bei ihrem Tun ....

und wenn sie dann doch mal zu denken beginnen, haben sie alles vergessen, weil ihr Leben nur auf Gewohnheiten, ohne viel Denken aufgebaut war ....

ich habe dies bei mir selbst mal erlebt, und erkannt, warum ich dies vergessen habe ..., weil es eben nur Gewohnheit war ....

Schizophrenie kommt davon, wenn man nicht weiß, dass es im Prinzip normal ist, dass man 2 Stimmen im Kopf hat, man muss nur lernen, auf die richtige zu hören ...

geschrieben. Ja ich habe auch das Gefühl das psychische Belastung einer der Hauptauslöser für Krebs ist.

Heute Abend gehe ich in die Fontanebuchhandlung Neuruppin und höre mir einen Vortrag über "Gehirn und Psyche " an. Es handelt sich um einen Vortrag und Gespräch mit Professor Dr. van Gisteren von der Medizinischen Hochschule Brandenburg. Die erste Veranstaltung "Gehirn und Psyche" beschäftigt sich mit den Forschungsergebnissen der modernen Neurowissenschaften als Herausforderungen für die Psychologie, Prof. Dr. Ludger van Gisteren wird u.a. zu folgenden Themen sprechen:

1. Was wissen wir heute über die neurobiologischen Grundlagen der psychischen Funktionen des Menschen?
2. Steuert das Gehirn die Psyche?
3. Benötigen wir einen neuen Begriff der Verantwortung?

Ich werde morgen in dem Post über meinen heutigen Abend berichten.

Donnerstag, den 12.02.2015, Gehirn und Psyche Teil 2

Ja ich habe auch das Gefühl das psychische Belastung einer der Hauptauslöser für Krebs ist.

Gestern Abend war ich nun in der Fontanebuchhandlung Neuruppin und habe den Vortrag über "Gehirn und Psyche " angehört. Den Vortrag und das Gespräch hat Herr Professor Dr. van Gisteren von der Medizinischen Hochschule Brandenburg gehalten. Er hat sich in Neuruppin neu vorgestellt und hat gesagt, dass es weitere Veranstaltungen in der neu eröffneten Fachhochschule in dem Alten Gymnasium in diesem Jahr zu dem Thema geben wird. Und das auch Forschungen an der Fachhochschule durchgeführt werden. Es war ein wunderbarer interessanter Abend, wo uns die Einzelteile des Gehirns, das Bewusstsein und unser Denken erklärt wurde. Das Thema war so umfangreich, dass die 2 Stunden Vortrag wie im Fluge vergangen sind. Es war alles total interessant für mich. Folgende Themen wurden durchgesprochen:

1. Was wissen wir heute über die neurobiologischen Grundlagen der psychischen Funktionen des Menschen? Es gibt schon eine Reihe von Forschungsergebnissen, wo man das Denken und Handeln beeinflussen kann.
2. Steuert das Gehirn die Psyche? Meine Erkenntnisse: Ja das Gehirn steuert die Psyche!
3. Benötigen wir einen neuen Begriff der Verantwortung

Ich muss schon sagen, dass dieser Vortrag mich total beeindruckt hat. Es handelte sich regelrecht um Grundlagen über das menschliche Gehirn (Großhirn, Kleinhirn, Mittelhirn, Hypothalamus...etc.) und seine Fähigkeiten. Es ging auch um unser Denken und Handeln und unser Bewusstsein.

Hinterher gab es dann noch ein Gespräch, wo wir Gäste alle Fragen stellen konnten. Ich habe den Professor dann natürlich auch gefragt, welcher Teil im Gehirn zerstört ist, wenn Jemand an Schizophrenie leidet und ob diese Krankheit heilbar ist. Zur Erklärung meinerseits, mein Bruder ist seit 1980 in seinem Jugendalter so ca. auch an Schizophrenie erkrankt. Ich betreue meinen Bruder, da er leider keine anderen Angehörigen außer mir mehr hat. Meine beiden Eltern sind leider auch an Demenz erkrankt. Da hatte ich ja ein Thema angeschnitten. Er antwortete, dass Schizophrenie nicht heilbar ist, aber man kann es mit Psychopharmaka eindämmen. Eine andere Frau aus dem Publikum und ich fragten dann, wozu die Elektroschocks denn gut seien, die hier in Neuruppin noch an den Patienten durchgeführt werden. Da ist der Prof. auf einmal zurückgeschreckt und war ganz erstaunt, dass diese Methode noch in den Neuruppiner Kliniken durchgeführt wird. Er selbst hält überhaupt nichts von Elektroschocks. Im Publikum gab es natürlich noch eine Befürworterin für diese Methode. Ich denke mal, dass sie in den Ruppiner Kliniken arbeitet und deshalb diese Methode ganz energisch verteidigt hat. Mir sind da total viele Emotionen durch den Kopf gegangen. Meine Freundin, die ich dabei hatte musste mich zurückhalten. Sie fragte mich, ob es mir gut geht und hielt meinen Arm. Da ging es mir wieder so einigermaßen.

Ich hatte vorher wirklich zu tun, nicht meine Fassung zu verlieren. Zumal ich als Betreuerin meines Bruders auch schon mal die Genehmigung für Elektroschocks erteilt hatte. Aber was bleibt einen als Laie anderes übrig, als klein bei zu geben. Man ist ja schließlich kein Mediziner.

Ein anderer Mann fragte, ob eine Mutter das Denken und Handeln eines Kindes beeinflussen kann, wenn sie selber Depressiv ist. Diese Denkens-weise überträgt sich leider auf das Kind. Dieses Kind hat es im Leben auch ziemlich schwer zurecht zu kommen.

Wir hatten so viele Themen angeschnitten und diskutiert, so dass ich heute natürlich noch nicht alles so wiedergeben kann. Der Professor hat uns angeboten zu weiteren Veranstaltungen und Fragen an die Fachhochschule in Neuruppin zu kommen. Ich werde in meinen nächsten Posts werde ich noch etwas ausführlicher darüber berichten. Das Thema war einfach zu umfangreich.

Als ich dann aus der Buchhandlung rausging, hörte ich zwei ältere Damen erzählen, dass sie gern noch mehr über die Demenzerkrankung gesprochen hätten. Da sagte ich zu den Beiden, dass ich 2 an Demenz erkrankte Eltern habe. Da sagte die Beiden auch, dass ich ja ein besonders schweres Familienschicksal zu tragen habe. In dem Moment konnte ich meine Tränen nicht mehr zurückhalten. Ich habe mich aber wieder gefasst. Ich habe noch Telefonnummern und Anschriften mit den Beiden ausgetauscht. Ich muss schon sagen, dass mich dieser Abend ganz schön umgehauen hat.

Aber andersherum hat es mir auch wieder sehr gut getan, mich mit anderen auszutauschen. Ich werde mir wohl demnächst eine Selbsthilfegruppe suchen, die dieselben oder ähnliche Probleme wie z.B: Schizophrenie und Demenz oder Krebs haben anschließen.

Freitag, den 13.02.2015, Gehirn und Psyche Teil 3

Post von Crinan aus Österreich als Reaktion auf meinen Post.

Der "innere Orkan" welchen Dein Schreiben in mir - kurzfristig - auslöste, ist verstummt.

Was sage ich Dir nun? Wo beginne ich? Bei Deinem Karzinom? Bei Deinem Bruder? Soviel - zu aller Anfang: es ist etwas "Großes", dass Du für Deinen Bruder "da" bist.

Wenn er sich "wieder spaltet" - so ist diese Phase wohl sehr schwer für Dich hinzunehmen, zu ertragen und wohl auch schwer zu verarbeiten.

Ich will nun meine Worte "bedacht" wählen. Denn, auf einer anderen Ebene würde ich Dir vieles mitteilen wollen.

Doch, es ist Dein Weg .... Und. Wiederum sage und meine ich es auch so: "wir" sind da!

"Früher" - übrigens auch heute noch - kommunizier(t)en Menschen "telepathisch". In Australien findet man bekanntermaßen solche Menschen. Heute noch. Aber, auch andernorts..... Auch heute! Kennst Du das Geschehnis? Du denkst an jemand - und dieser kontaktiert Dich? Oder vice versa. Telefonisch oder auf einem anderen Weg. Dies geschieht in einem kurzen Zeitraum. Still ahnt man von dieser "Magie der Verbundenheit." Es sind "Aufflackerer" unserer "alten Fähigkeiten". Heute haben wir das Medium Internet. So. In jenem Fall. Dem unsrigen. Nützen wir dies nun. Auf

jener "Kommunikationsebene können wir uns, unsere Loyalität füreinander gegenseitig versichern. Jene, auch tatsächlich "ins Leben zu rufen" ist nochmals ein weiterer Schritt. Einige würden diesen gehen. Dessen bin ich mir sicher. Wo fangen "wir" - jetzt - an?

Scheint dort, wo Du wohnst / lebst auch die Sonne? Bei uns schon! Wolkenloser, sattblauer Himmel - überall, da oben. Eine hohe weiße Schneedecke funkelt (himmlisch *) und steht der "blauen Schönheit Himmel" in nichts nach. (*himmlisch: tja, die Beiden "ergänzen" sich - es sind die Sonnenstrahlen, welche die Schneekristalle funkeln lassen). Erste

71

Vogelgesänge sind zu hören. Die Sonnenstrahlen wärmen bereits und "die Luft" flüstert: "der Frühling ist da".

Geh "raus" - es genügt, wenn es vor die Tür ist, oder wenn Du Dich schwach fühlst - öffne das Fenster. Schließ die Augen - und "verlier" Dich - im Fühlen der warmen Sonnenstrahlen, im Riechen.... wie riecht es denn bei Euch? Nach Schnee? Nach feuchter Erde? ... Und lausche, was "das Leben da draußen" Dir erzählt.

Schick Deinen Geist mal kurz (er plappert ja fast unaufhörlich) in die "Pause". Nur einen "Augenblick"...

Sich aufzumachen, um "etwas zu ergründen - zu entdecken" - kann verwirrend sein. Es braucht Zeit.

Die passenden "Schuh" und welchen "Wanderstock" Du wählst - ist Deine Entscheidung. Auswahl ist vorhanden. Du wirst noch vor vielen Möglichkeiten stehen. Und, so manche ausprobieren. Keine falsche Entscheidung - ist "falsch"! Es ist ein Teil Deines "Lebenspuzzles".

Ich überlege.... Empfehlen würde ich Dir das Buch: "Jetzt - die Kraft der Gegenwart" von Eckhart Tolle. Für den "Anfang"... Magst Du Khalil Gibran? Ich denke, ich sollte "etwas" von ihm zitieren. Als Labsal, sozusagen.

Was noch? Was würdest Du von einer Familienaufstellung (bitte geführt von einem "Profi") halten? Dein Bruder und Du - und Eure "Ahnen" sind miteinander (in 1ter Instanz) verbunden. Des Weiteren sind wir es alle. Doch, sei nicht ängstlich!

Du bist auf der Wanderschaft... und wir winken Dir zu. Freundlich! Und nehmen Dich auf..., wenn Du mal nicht weiterkannst...

Durch dieses Leben zu gehen, geboren zu werden, zu "sein" und zu sterben... darf jeder von uns für sich. Umgeben von allem und somit stets "all-eins".

Khalilg Gibran: "Wenn die Liebe dir winkt, folge ihr, sind ihre Wege auch schwer und steil.

Und wenn ihre Flügel dich umhüllen, gib dich ihr hin, auch wenn das unterm Gefieder versteckte Schwert dich verwunden kann.

Und wenn sie zu dir spricht, glaube an sie....

PS: ich werde Helfer "holen".

Diese Worte haben mich ziemlich berührt:

Liebe C., lieber L. vielen Dank für Eure lieben Worte, die mich sehr berührt haben. Ich konnte nicht schlafen. Mein Gehirn und meine Gedanken sagten mir, da sind Menschen irgendwo da draußen, die an mich glauben und an mich denken. Ich muss das wohl irgendwie gespürt haben. Die letzten Tage waren ziemlich aufregend für mich. Aber ich bin auf einen positiven Pfad. Ich walke jeden Tag 1 bis 2 Stunden, um an der frischen Luft über alles nachzudenken. Ich wünsche Euch allen eine Gute Nacht.

Montag, den 16.02.2015, Rosenmontag

Es geht sehr vielen Menschen so wie mir, die Ihre Gedanken und Gefühle verewigen möchten. Man kommt sich nicht mehr so alleine vor, wenn man sich mit anderen austauschen kann.

Unter anderen schreibe ich mich z.B. mit B.J.B. aus Hannover

Mein Tagesspruch lautet heut:

73

meinlebenmitbrustkrebs.blogspot.com

Jeden Tag fang ich wieder von vorne an! Morgen ist alles besser.

Gestern Nachmittag bin ich mit meinem Partner zum Karnevalsumzug nach Neuruppin. Es war ein wunderbares Wetter, Sonnenschein und die Luft war so rein. Heute habe ich auch schon eine Walking Tour hinter mir (5km schnelles Gehen). Ich fühle mich heute total fit und gut. Morgen werde ich wieder zum Sport zum Leben gehen. Ich muss schon sagen, dass mir die Bewegung einfach guttut.

Meine Fitnesstrainerin hat mir in der letzten Woche eine Broschüre über Bewegung bei Brustkrebs übergeben. In dieser Broschüre handelt es sich um Brustkrebs bei fortgeschrittenen und metastasierenden Stadium. Dr. Freerk Baumann von der Sporthochschule Köln empfiehlt, dass Bewegung und körperliche Aktivitäten auch bei Brustkrebspatientinnen im fortgeschrittenen Stadium. Die Zeiten, in denen man bei bestehenden Metastasen absolute Ruhe und Schonung verordnet hat, sind vorbei. Die Folgen eines Bewegungsmangels merken wir häufig erst dann, wenn wir uns tatsächlich nicht mehr bewegen dürfen. Nicht nur unsere Knochen und Muskeln erleben eine physiologische Anpassung (Knochen- und Muskelschwund), sondern auch unsere Psyche:

Wir fühlen uns schlapp, unausgeglichen und müde. Wer kennt dieses Gefühl nicht?

Oft führen körperliche Aktivitäten im Zusammenhang mit Metastasen in der Regel zu einer großen Unsicherheit, nicht nur auf Seiten der Patientin, sondern auch seitens des Arztes und des Therapeuten. Man hat zu große Angst, dass sich die Situation noch verschlimmert, sich das Risiko an Knochenbrüchen noch erhöht oder zu hohe Belastungen Auslöser akuter Atemnot bei Lungenmetastasen bzw. krampfartiger Anfälle bei Hirnmetastasen sein können.

Mit der Broschüre: Bewegung bei Krebs soll gezeigt werden, dass körperliche Aktivität das Gegenteil bewirken kann und einen positiven Effekt auf das allgemeine Wohlbefinden haben kann.

Danke liebe Andrea.

Ja, der Gedanke, Sport ist gut und wichtig, der kann sehr, sehr viel Kraft schenken, und dann bringt der Sport tatsächlich den Erfolg, den man sich von ihm

erwünscht ...

ich freue mich immer ganz, ganz riesig von dir zu hören, liebe Andrea, du bist für mich ein Musterbeispiel, dass man mit positivem Denken alles schaffen kann....

ich wünsche dir viel Erfolg dabei, nur weiter so...

Freitag 22.01.2016, Sportübungen, Sport macht Mut und tut gut

Nun habe ich heute Vormittag noch genügend Zeit, um zu meinem Sport zu fahren. Ich freue mich freitags immer sehr auf meine Sportgruppe. Es macht mir sehr große Freude mich mit meinen Sportkameraden zu treffen. Wir nehmen alle an einem Sportprojekt Sport zum Leben teil. Ich habe bei diesem Projekt schon viele nette Leute kennen gelernt, die ebenfalls an Krebs erkrankt sind. Wir verstehen uns in dieser Gruppe ganz prima. Wir finden alle, dass der Sport uns guttut und uns neuen Mut macht.

- Als erstes beginnen wir immer mit einem leichten Aufwärmprogramm. Da setzen wir uns 10 Minuten auf das Fahrradergometer und treten in die Pedale. Dabei sitzen wir uns gegenüber und quatschen miteinander.

- Dann gehen wir in die Turnhalle und machen verschiedene Übungen: mal mit Gymnastikbällen, mal mit Hanteln oder Training an Fitnessgeräten. Dazu machen wir uns Musik an. Es macht uns allen großen Spaß in der Gemeinschaft zu turnen.
- Bei allen Übungen achten wir sehr auf unsere Atmung. Wir halten nicht die Luft an (Pressatmung), sondern atmen Sie immer mit der Belastung durch den Mund aus.
- Bei der Arbeit mit Hanteln, stellen wir die Füße fest auf den Boden/Gerät.
- Sämtliche Übungen führen wir pro Übung 2-3 Serien a 15-20 Wiederholungen durch.
- Wir trainieren so, dass wir uns weder über- noch unterfordert fühlen.
- Das aller Wichtigste, der Spaß und die Geselligkeit kommen bei dem gemeinsamen Sport nicht zu kurz.
- Hinterher treffen wir uns meistens noch auf einen Kaffee oder Tee in der Cafeteria und tauschen uns miteinander aus. Es sind schon richtige Freundschaften daraus entstanden.

Gestern habe ich mich mal mit meiner Fitnesstrainerin näher über das Thema Krebs unterhalten. Dieses Gespräch hat mir ziemlich Mut gemacht. Sie meinte auch, dass meine positive Einstellung entscheidend dafür ist, dass es mir den Umständen entsprechend recht gut geht. Diesen nachfolgenden Spruch habe ich mir von Fisch&Fleisch von den verstorbenen Werner Kobacka gefischt und wird mich durch den Tag begleiten:

Alles, was Ihr tut, egal, was es ist, solltet Ihr positiv angehen, mit Begeisterung und guter Energie. Viele

Menschen blockieren sich da leider selbst, sie jammern und kommen deshalb nicht voran. Freut Euch, auf alles, was Ihr tut, kostet das Leben aus, dann findet Ihr Euch leichter zurecht und habt auch mehr Spaß an allem! ...

Der 4. Februar ist Weltkrebstag

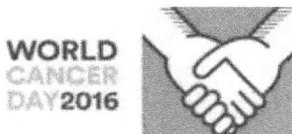

Zum ersten Mal fand der Weltkrebstag am 4. Februar 2006 statt. Er wurde ins Leben gerufen durch die Weltkrebsorganisation (UICC). Viele der mehr als 770 Mitgliedsorganisationen aus über 155 Ländern – darunter auch die Deutsche Krebshilfe – beteiligen sich an diesem Aktionstag. Ausführliche Informationen zu der aktuellen Kampagne "We can. I can.", wie etwa eine Karte mit den Events, die anlässlich des Weltkrebstages 2016 weltweit stattfinden, finden Sie in englischer Sprache unter: www.worldcancerday.org.

Weltweites Motto: "Wir können. Ich kann."

Donnerstag, den 21.04.2016, Krebszellen mögen keine Himbeeren,

Blühende Kirsch- und Pflaumenbäume in unserem Garten.

Ich sitze hier und lasse den Tag Revue passieren. Es war wieder ein wundervoller Tag voller Sonnenschein. Ich habe heute eine ganze Menge erledigen können. Am Vormittag fuhr ich in die Sparkasse, um ein paar Details zu meinen VL-Vertrag zu klären. Die Bearbeiterin war sehr nett. Sie konnte die Unklarheiten klären. Danach fuhr ich dann nach Neuruppin. Ich fuhr durch die Autowäsche. Als ich damit fertig war, bin ich zu Car Glas gefahren und habe mir die Autoscheiben für 1,00 € reinigen lassen. Ich habe dort mein Auto stehen gelassen. Dann lief ich bis zu meiner Arbeitsstelle zu Fuß. Es tat mir sehr gut, dahin zu laufen. Ich atmete die schöne Frühlingsluft tief ein. Nach der Arbeit holte ich dann mein Auto wieder ab. Ich unterhielt mich noch eine Weile mit dem netten Mitarbeiter. Dann erledigte ich noch ein paar Einkäufe.

Abends verlebte ich einen schönen Abend mit meinem Schatz.

Heute rief mich auch Knolly aus meiner Krebssportgruppe an. Er hat mir ein paar Himbeersträucher versprochen. Er hat Bescheid gesagt, dass er die Himbeersträucher nächste Woche bei mir im Garten einbuddelt. Ich habe mich sehr darüber gefreut. Ich esse total gerne Himbeeren. Ich finde es sehr prima, dass wir Krebskranken uns gegenseitig Halt geben können. Es schwirrt immer ein klein wenig Hoffnung mit, dass alles gut wird.

Ich habe heute im Netz mal ein bisschen gestöbert und bin im Netz auf das Buch von Guido Westerwelle gestoßen:

Noch nie hat ein deutscher Politiker so offen und ehrlich über seine schwärzesten Stunden, aber auch über die großen Themen seines Lebens geschrieben. Von der Kindheit im Rheinland, von der Faszination der Politik, von seiner großen Liebe und der harten Prüfung, der sie durch seine Leukämie-Erkrankung ausgesetzt war. Vor allem aber will Guido Westerwelle Kraft und Zuversicht vermitteln:

Niemand von uns ist vor Schicksalsschlägen gefeit. Aber wir können dagegen kämpfen, solange wir an uns selbst glauben und die Hoffnung nicht aufgeben.

Dieses Zitat von ihm gefällt mir sehr gut. Ja wir können gegen den Krebs kämpfen, solange wir an uns selbst glauben und die Hoffnung nicht aufgeben.

Ich habe heute das Buch von Guido Westerwelle erhalten, Ich habe gleich begonnen darin zu lesen. Ich bewundere diesen außergewöhnlichen Politiker sehr. Er hat auch angefangen, dass Buch zu schreiben, als es Ihm sehr schlecht ging. Er konnte sich damit ablenken und konnte vieles aufarbeiten.

Auch mir geht es so wie Herrn Westernwelle, man kann vieles besser verarbeiten, wenn man in dieser Zeit so eine Art von Tagebuch führt.

Märkische Allgemeine. Ich lasse mich nicht

unterkriegen. Das Leben kann auch mit einer Krankheit schön sein.

Mein Leben mit Brustkrebs und wie ich das positive Denken erlernte

Märkische Allgemeine Artikel über mich vom 17.02.2017

Wustrau

. Im April 2014 änderte sich mein Leben von binnen weniger Stunden. Mit einem neuen Job in Aussicht wollte ich die wenige freie Zeit nutzen, um mich bei einem Arzt durchchecken zu lassen. Doch was als Routinekontrolle begann, endete mit der schwerwiegenden Diagnose „Verdacht auf Brustkrebs". Mammografie und Biopsie brachten Gewissheit: Ich hatte drei Tumore in der Brust. Noch schlimmer war die Nachricht der Ärzte wenig später, dass der Krebs bereits gestreut hatte. „Sie erzählten mir, dass ich unheilbar krank bin", erinnere ich mich zurück. Der Schock kam erst später, doch er kam. „Ich bin da in ein tiefes Loch gefallen, das galt es erstmal zu verarbeiten"

Ausschnitt aus dem Zeitungsartikel: Heute, knapp drei Jahre nach der Diagnose, macht Andrea Voß einen stabilen, einen guten Eindruck. Sie strahlt Zuversicht aus. „Man freut sich über Kleinigkeiten und genießt jeden Tag, an dem man ohne Schmerzen und Beeinträchtigungen ist", berichtet die 53-Jährige. Sie hat ihr Leben radikal geändert, teilweise freiwillig, teilweise notwendigerweise. Für ihren alten Job in der Bauplanung fehlte Voß die Kraft – und auch die Konzentrationsfähigkeit. „Ich bin manchmal ziemlich durcheinander, deshalb schreibe ich alles auf, um nichts zu vergessen", sagt sie. Nicht nur die Konfrontation mit der eigenen Sterblichkeit – „natürlich sind immer wieder Ängste da" – machten sich bemerkbar, auch die Medikamente wirkten sich auf sie aus.

Raus aus der Isolation, rein ins Internet – und vom Blog zum Buch

Doch statt mich zu verkriechen, suchte ich den Kontakt zu anderen Betroffenen, auch über das Internet.

Ich begann einen Blog zu schreiben und berichtete sehr offen über alles, was mich von nun an bewegte. Daraus ist mittlerweile ein Buch entstanden, ein zweites ist in Planung. „Ich versuche, das seelische Gleichgewicht zu halten, deshalb bin ich auch so offen. Sport und soziale Kontakte fangen mich auf." Mehrfach in der Woche walke ich bis ins benachbarte Altfriesack

und zurück. In Neuruppin habe ich mich einer Sportgruppe im Reha Zentrum „Sport zum Leben" angeschlossen, die einmal die Woche zusammenkommt. Dort treffe ich mich mit anderen Krebspatienten. „So sind viele weitere soziale Kontakte entstanden". Im Sommer am 8.Juli 2017 werde ich wieder mit Gleichgesinnten an der 10.Benefizregatta „Rudern gegen Krebs" im Patientenboot mit rudern.

Das diesjährige Rudern gegen Krebs findet am 8.7.2017 statt.
Ich werde auf alle Fälle wieder im Patientenboot mitfahren.

Foto von mir und meinen Mitstreiterinnen bei der
9.Benefizzregatta in Neuruppin bei Rudern gegen Krebs.

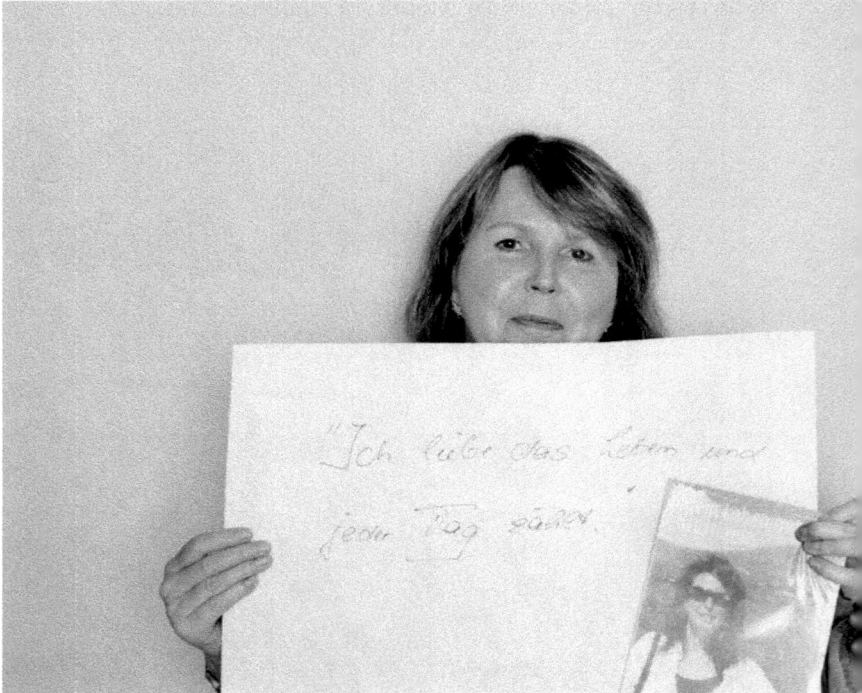

Dieses Foto entstand beim Frauenwochenende in Frankfurt am Main im Capri by fraiser. Das Brustkrebsmagazin Mamma Mia hat mich zu einem gemeinsamen Wochenende eingeladen. Ich habe an dem Wochenende sehr viele auch an metastisierten Brustkrebs erkrankte Frauen kennen gelernt. Wir tauschten uns dort miteinander aus. Ich habe dabei mal wieder gemerkt, dass wir sehr viele Gemeinsamkeiten haben. Ich zehre auch heute noch von diesem Wochenende im Herbst 2016.

Besonders beeindruckt hat sie das Engagement der Boxweltmeisterin Ramona Kühne, mit der sie nach wie vor lockeren Kontakt hält.

Das Thema Krebs muss stärker in die Öffentlichkeit, sagt Andrea Voß

Zudem geht sie einem Minijob nach, arbeitet vier Tage die Woche am Nachmittag für eine Neuruppiner Firma. „Das gibt mir Tagesstruktur", sagt Voß, die zudem nach eigener Aussage viel Unterstützung von ihrem Partner erfährt. Und dennoch:

„Man muss sich eingestehen, dass man nicht mehr so leistungsfähig ist wie früher", sagt sie. Alle vier Wochen muss sie in die Klinik, um sich eine Infusion geben zu lassen. Zudem wird sie auf Metastasen getestet.

Andrea Voß wünscht sich, dass das Thema „Leben mit Krebs" stärker an die Öffentlichkeit drängt. Sie hat den Eindruck, dass Betroffene schnell ins soziale Aus gedrängt würden. „Das Leben kann auch mit einer Krankheit schön sein", sagt sie. Bei einem Treffen im Herbst in Frankfurt am Main lernte sie andere Frauen mit dem gleichen Schicksal kennen. Es habe keine zehn Minuten gedauert, da sei ein Kontakt dagewesen. Nun hofft sie, dass sich auch in Neuruppin eine Selbsthilfegruppe findet.

Kommentare zu anderen Blogs:

Ich habe auch das Gefühl, dass man mit gesunder Lebensweise sehr viel erreichen kann. Es ist anscheinend bei jeder Krebs Therapie immer eine Sache des Profits. Ich versuche auch immer mal wieder meine Therapie zu hinterfragen. Das schlimmste was mir neulich mal passiert ist war als ich den Arzt fragte ob man meine Knochenmetastasen statt einer Infusion alle 4 Wochen auch durch eine Spritze Xgeva behandeln kann. Sagte er mir darauf, dass er dann ja nichts mehr an mir verdienen würde. Das hat mich doch ziemlich sprachlos gemacht. […]

Ja, liebe Andrea, soviel Ehrlichkeit kann schon verblüffen! ;-) Für mich, der dieses Thema jahrelang recherchiert hat, ist es völlig klar und unumstößlicher Fakt, dass wir uns, je nach Statistik, 90- 95% all unserer Erkrankungen, inkl. Krebs unwissend selber verursachen. Und es gibt mittlerweile auch schon sehr viele Menschen die erfolgreich die ‚Umkehrprobe' gemacht   haben.
Gestern erst erfuhr ich, dass es ‚meine' Akademie bei der man derartiges auch auf akademischem Niveau studieren konnte nicht mehr gibt. Aber die Profitmediziner laufen weiterhin von den   Uni-   Fließbändern!
Liebe Grüße!

Claudia B.
18.02.2017 20:02:57
Gratulation Andrea. Schön, dass auch die Presse auf deinem Engagement aufmerksam macht. Liebe Grüße von Claudia

meinlebenmitbrustkrebs.blogspot.com

Neuruppin Märkischer Anzeiger vom 6.9.2015

. Am Ende war sie einfach glücklich. „Die Regatta gibt mir Kraft und Mut", sagt Andrea Voß. Die 51-Jährige aus Wustrau erhielt vor eineinhalb Jahren die Diagnose, dass sie an Krebs erkrankt ist. Deshalb machte sie am Sonnabend bei der achten Auflage der Regatta „Rudern gegen Krebs" in Neuruppin mit und ruderte in einem der fünf Patientenboote. „Sport ist ganz wichtig", sagt Andrea Voß. Sie erwägt jetzt sogar, in einen Ruderverein einzutreten.

Antje Schulz würde sich darüber sicher freuen. Die Chefin des Neuruppiner Ruder-Clubs (NRC) hat mit ihrem Team, den Ruderern aus Alt Ruppin und Rheinsberg sowie den Helfern aus den Ruppiner Kliniken die Regatta vorbereitet. Dafür gab es Lob von allen Seiten. Besonders angetan zeigten sich Klaus Möller, Vorstand bei der Stiftung „Leben mit Krebs", der aus Heidelberg angereist war, sowie Ralf Holzschuher. Der SPD-Landtagsabgeordnete und einstige Innenminister aus Brandenburg an der Havel ist seit April Präsident des Landesruderverbandes. „Wie es hier gelingt, auch Nichtaktive zum Rudern zu bringen, das ist eine schöne Werbung für die Gesundheit und den Sport."

„Das ist eine wahnsinnige Leistung!"

Holzschuher überlegt, ob es so eine Regatta nicht vielleicht auch noch im Südosten von Berlin geben könnte. Allerdings werde es sicher nicht einfach sein, einen Verein zu finden, der den Aufwand für die Vorbereitung auf sich nimmt. „Das ist eine wahnsinnige Leistung, die hier vollbracht wird", betonte Holzschuher.

Bei der Regatta steht der Spaß am Rudern und das Engagement, etwas Gutes zu tun, im Vordergrund. Denn außer den Schülern und Patienten müssen alle anderen Teams ein Startgeld von 300 Euro berappen, um bei der Benefiz-Regatta dabei sein zu können. Schließlich ist der Erlös dafür bestimmt, die Stelle eines sogenannten Bewegungslotsen an den Kliniken zu finanzieren, der mit Krebspatienten gezielt Ausdauer- und Krafttraining übt. „Die Patienten sollen dabei auch aus ihrer Isolation rauskommen und sehen, dass sie nicht allein mit ihrer Krankheit sind", sagte Frank Merten, Chef des Reha-Zentrums des Neuruppiner Krankenhauses. Laut Merten gibt es nur acht derartige Bewegungslotsen in ganz Deutschland, meist in Kliniken viel größerer Städte als Neuruppin.

Die Profi-Boxerin aus Rangsdorf (Teltow-Fläming) überreicht bei der Siegerehrung die Pokale und Medaillen – und schreibt danach Autogramme. Bei der Wustrauerin Andrea Voß gleich auf dem aktuellen T-Shirt von „Rudern gegen Krebs".

Mein Blog findet Ihr unter: meinlebenmitbrustkrebs.blogspot.com

Wustrau, den 19.03.2017

Im vergangenen Herbst wurde ich vom Brustkrebsmagazin Mamma Mia nach Frankfurt am Main eingeladen. Ich traf mich dort mit Gleichgesinnten, die auch am metastasierten Brustkrebs erkrankt sind. Es war ein herrliches Wochenende, dass ich nie vergessen werde. Ich traf dort so viele starke Frauen, die auch gegen den Krebs ankämpfen. Das Wochenende hat mir unendlich viel Mut gemacht und auch neue Kraft geschenkt. Ich bin so dankbar, dass ich mit dabei sein konnte.

In der aktuellen Ausgabe vom Brustkrebsmagazin Mamma Mia sind unsere Botschaften an die Welt formuliert, die wir während des Wochenendes gemacht haben. Vielen Dank an das Brustkrebsmagazin Mamma Mia. Mein Dank dafür, dass Ihr uns eine Stimme gebt.

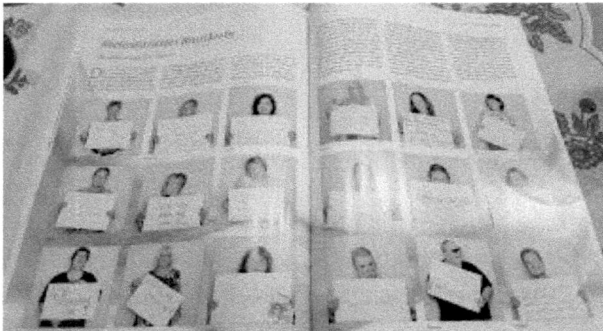

Ich liebe das Leben
Mein Interview bei Carenity:
eingestellt von Andrea Voß Mai 11, 2017

In diesem Interview könnt ihr Andrea kennenlernen, bei der

2014 #Brustkrebs und #Knochenkrebs diagnostiziert wurde.

Der Artikel macht richtig Mut. Um ihn zu lesen, müsst ihr nicht

angemeldet sein. ;)

meinlebenmitbrustkrebs.blogspot.com

Ich habe mich heute sehr gefreut, dass ich das Interview auf Carenity geführt habe. Ich bin gerne auf dieser Plattform unterwegs und tausche mich mit anderen Erkrankten bzw. Angehörigen über meine Brustkrebserkrankung mit Knochenmetastasen aus.

ICH LIEBE DAS LEBEN!

In diesem Interview könnt ihr Andrea kennenlernen, bei der im April 2014 Brust- und Knochenkrebs diagnostiziert wurde. Andrea genießt seither jeden Tag, hat ein Buch geschrieben und unterhält auch einen Blog.

Hallo! Könnten Sie sich bitte in ein paar Sätzen vorstellen?

Mein Name ist Andrea Voß und ich bin 53 Jahre alt, ledig in einer Lebenspartnergemeinschaft. Wir haben eine gemeinsame 20-jährige Tochter. Ich habe über 20 Jahre als Bauzeichnerin, Vermesserin und Bauabrechner in einer Baufirma gearbeitet. Heute aber bin ich Erwerbsminderungsrentnerin und mache einen kleinen Minijob. Ich komme aus dem schönen Ort Wustrau, das liegt am Ruppiner See in der Nähe von Neuruppin im Land Brandenburg.

Im April 2014 wurde bei Ihnen Brustkrebs festgestellt. Wie kam es zu dieser Diagnose? Traf Sie diese Diagnose völlig überraschend?

Ich bin im April zu einer Routineuntersuchung zu meiner Frauenärztin gegangen. Ich wollte eine Woche später eine neue Arbeitsstelle weit entfernt von meinem Heimatort anfangen. Ich wäre dann eine tägliche Pendlerin geworden. Und ich dachte, dass ich dann keine Zeit finde, meinen Arztbesuch zu machen. Ich hatte allerdings einige Tage zuvor mit täglichem Nachtschweiß zu kämpfen. Ich ahnte, dass etwas nicht stimmte. Als die Diagnose dann von meiner Ärztin kam, erlebte ich einen derartigen Schockmoment. Ich erlebte eine Achterbahn meiner Gefühle und Gedanken.

Wie wurde der Brustkrebs bei Ihnen behandelt und wie ging es Ihnen mit dieser Behandlung? Gleich einen Tag nach der Diagnose ging ich zur Mammographie und ins Brustkrebszentrum. Es wurden dort 7 Stanzbiopsien gemacht. Ich empfand das als total unangenehm. Der Schock hat tief gesessen. Meine Brust hatte überall blaue Flecken und ich hatte eine wahnsinnige Angst vor dem Ergebnis, das ich dann eine Woche später erhielt.

Es bestätigte sich die Diagnose. Mein Arzt schockte mich dann gleich. Er meinte, dass die Brust abgenommen werden müsse und dass er sofort mit einer Chemotherapie beginnen wolle. Dann zeigte er mir noch Fotos von misslungenen OPs von anderen Frauen. Ich empfand das damals als total unangenehm und es machte mir noch mehr Angst.

Ich war - wie gesagt - sehr geschockt, was ich dort erleben musste. Ich sagte Ihm dann, dass ich mir eine Zweitmeinung holen wollte, weil ich das alles einfach nicht glauben konnte. Ich wollte auch nicht, dass man mit einer Chemotherapie beginnt.

Dann war ich einige Tage später in Potsdam bei einer anderen Ärztin und ließ mir den Befund nochmal ganz genau erklären. Sie machte mir klar, dass man die Tumore herausnehmen müsse.

Als ich an dem Tag nach Hause fuhr, fasste ich den Entschluss, dass die OP so schnell wie möglich gemacht wird. Ich rief dann selbst im Krankenhaus an und machte eine Einweisung ins Krankenhaus für die darauf folgende Woche klar. Ich wollte einfach nicht mehr länger warten. Meine Frauenärztin war natürlich etwas sauer mit mir, weil ich mich selbst um die Einweisung gekümmert habe. Ich bin dann doch in die Ruppiner Kliniken gegangen, um mich operieren zu lassen. Da traf ich natürlich auf denselben Arzt, der mich so geschockt hatte. Einen Tag vor der OP wurden dann sämtliche Vorbereitungen getroffen, so dass die OP am nächsten erfolgen konnte. Ich ahnte da noch nicht, was ich alles noch erleben sollte. Mein Arzt bestellte mich nochmal am Tag kurz vor der OP und markierte meine Tumore mit schrecklichen Drähten. Die wurden mir ohne Betäubung in die Brust gesteckt. Das war total unangenehm. Er hat mir die Drähte ohne Vorwarnung in meine Brust gesteckt.

Ich wurde im Mai 2014 an der rechten Brust brusterhaltend operiert.

Ich hatte drei Tumore in meiner Brust. Der Wächterlymphknoten wurde entfernt. Die Lymphknoten waren nicht befallen. Als ich aus meiner Narkose erwachte, fühlte ich mich froh und glücklich, dass ich alles überstanden hatte und auch meine Brust noch dran war.

Als der Arzt dann nach ein paar Stunden zu mir kam, sagte er mir das die OP selbst gut verlaufen ist, aber er unbedingt nochmal mit mir reden müsse. Er sah dabei ziemlich traurig aus.

In den Tagen nach der OP ging mir der Arzt aber nur immer aus dem Weg. Das machte mich traurig. Ich ließ die üblichen Nachuntersuchungen über mich ergehen. Die Drainage in der Brust unten wurde am zweiten Tag nach der OP gezogen. Ich hatte ziemliche Schmerzen. Es wurde während des Krankenhausaufenthaltes auch ein Knochenszintigramm von mir gemacht.

Erst einen Tag vor meiner Entlassung sollte ich dann erfahren, was es damit auf sich hatte. Am letzten Abend zwischen Tür und Angel kam der Arzt auf einmal ins Zimmer und teilte mir mit, dass bei mir Knochenmetastasen gefunden wurden. Ich konnte es einfach nicht glauben, was ich da gehört habe. Ich sagte dann zu ihm, dass ich das etwas näher erklärt haben möchte.

Ich ging dann mit ihm in das Behandlungszimmer und wir schauten uns den Befund vom Knochenszintigramm an. Er sagte mir dann noch, dass ich unheilbar erkrankt bin und erklärte mir die weiteren Maßnahmen. Ich konnte das alles nicht glauben. Das musste ich dann erst einmal so richtig verarbeiten. Eine Woche später wurde mir dann ein Port implantiert, über den ich dann seitdem alle 4 Wochen eine Zometainfusion erhalte. Auch 33 Bestrahlungen musste ich über mich ergehen lassen. Eine Woche, nachdem die Behandlung mit den Bestrahlungen beendet war, fuhr ich dann zur Anschlussheilbehandlung nach Boltenhagen. Diese AHB bekam mir ziemlich gut. Hier traf ich auf sehr kompetente Ärzte, die mir meine aufkommenden Fragen gut beantworten konnten.

Gibt es bei Ihnen in der Familie andere Personen, die von Brustkrebs betroffen sind bzw. waren?

Nein, es ist keiner aus meiner Familie an Brustkrebs erkrankt. Ich habe jedoch jetzt erfahren, dass meine Cousine aus Kiel im Alter von 50 Jahren jetzt im Frühjahr 2017 erkrankt ist.

Wie geht es Ihnen heute? Was hat sich seit der Diagnose Brustkrebs in Ihrem Leben verändert?
Mir geht es heute den Umständen entsprechend gut. Ich habe gelernt, mich über Kleinigkeiten zu freuen. Mein Leben hat sich auch sehr zum Positiven gewandelt. Ich lebe seitdem viel

bewusster und genieße jeden Tag. Ich ernähre mich gesünder, bewege mich viel mehr als früher und habe viele soziale Kontakte. Wie z. B. meine Sportgruppe „Sport zum Leben". Hier treffe ich mich ebenfalls mit anderen an Krebs erkrankten Menschen. Wir machen uns gegenseitig Mut und unterstützen uns auch in vielen Bereichen. Wir können hier unsere Sorgen und Nöte loswerden. Wir können zusammen lachen und weinen. Das tut unserer Seele ziemlich gut.

Ihre Erfahrungen und Gefühle im Zusammenhang mit Brustkrebs verarbeiten Sie auch in einem Blog. Könnten Sie uns etwas mehr darüber erzählen?

Ich habe im Dezember 2014 angefangen, einen Blog zu schreiben: meinlebenmitbrustkrebs.blogspot.com

In dem Blog verarbeite ich meine Gedanken und Gefühle, die ich im Zusammenhang mit meiner Brustkrebserkrankung erfahren und durchlebt habe. Es geht in diesem Blog auch konkret um Dinge, die ich in meinen Leben seit meiner Brustkrebserkrankung mit Knochenmetastasen verändert habe. Das Aufschreiben hilft mir, meine Therapie und meine Gedanken besser verarbeiten zu können. Im vergangenen Jahr habe ich ein kleines Büchlein geschrieben. Es tat mir sehr gut, in dem Buch all das aufzuschreiben, was mich seit der Diagnose bewegt hat.

Verraten Sie uns den Titel?

Ja, „Mein Leben mit Brustkrebs und wie ich das positive Denken erlernte". Erschienen ist das Buch mit der ISBN-Nummer 978-7404-1067-5 im Twenty-Six-Verlag. Auf Amazon kann mein Buch unter folgendem Link bestellt werden:

https://www.amazon.de/dp/B01DXYXU74/ref=dp-kindle-redirect?_encoding=UTF8&btkr=1

Gibt es noch andere Dinge, aus denen Sie Kraft schöpfen?

Ich habe im vergangenen Jahr an einen Pilateskurs teilgenommen. Auch das Yoga habe ich jetzt für mich entdeckt. Außerdem gehe ich ca. fünfmal pro Woche in das benachbarte Dörfchen Altfriesack und zurück. Die Bewegung an der frischen Luft tut mir ziemlich gut.

Vor kurzem habe ich angefangen, bei uns im Dorf zum Gute-Laune-Tanz zu gehen. Wir sind eine kleine Tanzgruppe, die Line Dance, Kreistänze, Irische Tänze erlernt. Es macht einen riesigen Spaß, wir lachen sehr viel mit einander.

Es tut mir auch ziemlich gut, mich in sozialen Kanälen mit anderen Betroffenen auszutauschen.

Am 8.7.2017 nehme ich zum dritten Mal in meinem Leben an Rudern gegen Krebs in unserer Heimatstadt Neuruppin teil.

Das Rudern macht mir unheimlichen Spaß. Ich werde im Vierer wieder auf einem der Patientenboote mit dabei sein.

Was würden Sie Frauen sagen, die gerade erst die Diagnose Brustkrebs bekommen haben?

Ich würde Ihnen sagen, dass das Leben auch mit einer Krankheit schön sein kann. Und es gibt immer wieder Hoffnung und schöne Dinge im Leben. Man kann sein Leben noch sehr lange selbstbestimmt leben.

Vielen Dank für dieses Interview. Wir wünschen Ihnen noch viele schöne Jahre!

Dienstag, 11.07.2017, Das Leben ist trotz der Krankheit schön, Ausflug Gut Hesterberg und Zeitungsartikel im Ruppiner Anzeiger

eingestellt von Andrea Voß Juli 11, 2017

Unser Boot Sport zum Leben 2 hatte bei der 10.Benefizzregatta eine Menge Spaß

Ich habe mich sehr über den nachfolgenden Zeitungsartikel gefreut:

Aus dem Zeitungsartikel vom Montag, 10.Juli 2017 Ruppiner Anzeiger:

Das Leben ist trotz der Krankheit schön

Teilnehmer des Patienten-Rennens danken für den offenen Umgang

Neuruppin:

Wen die Dankbarkeit geniert, Der ist übel dran; Denke, wer dich erst geführt, Wer für dich getan!

so schrieb es einst Johann Wolfgang von Goethe. Und diese Worte stehen noch heute für sich. Daran erinnerten sich auch die zwölf Insassen der Patientenboote der Benefizzregatta "Rudern gegen Krebs". "Wir sind so dankbar für das Verständnis, das uns entgegengebracht wurde", sagt Andrea Voß und um sie herum nicken Ihre Teamkolleginnen zustimmend.

Die 53-jährige Wustrauerin berichtet davon, dass sie von ihren Trainern im Ruppiner Ruderclub jede Hilfe bekam. Denn der Umgang mit der Krankheit ist nicht immer einfach. "Rudern hilft uns. Es gibt uns Kraft zum Durchhalten. ", so Voß, die zusätzlich einen tollen Teamgeist ausmachte. "Das wir alle gemeinsam ins Ziel kommen, hat dazu noch eine tolle Symbolik."

Auf dem Weg zur Benefizregatta gab es auch Tiefs. "Durch die Chemotherapie beziehungsweise Medikamente sind wir enorm geschwächt." Voß erzählt, dass bei der Behandlung auch gesunde Zellen in Mitleidenschaft gezogen werden. " Das zeigte sich bei mir nach 200 Metern auf der Strecke. Ich konnte mich nicht mehr koordinieren." Trotzdem mühte sie sich, wie auch alle anderen nach Kräften. Das Resultat sprach anschließend für sich. Freudestrahlend kamen alle Boote im Ziel an. Die Platzierungen waren dabei nebensächlich. Es wurde sogar gescherzt über die Reihenfolge.

Der o.g. Text ist natürlich nur ein Ausschnitt aus dem Zeitungsartikel. Ich werde in den nächsten Tagen weiter darüber berichten.

Ich habe heute zusammen mit meiner Selbsthilfegruppe aus Fehrbellin einen Hofausflug zum Gut Hesterberg unternommen. Wir haben dort ein paar herrliche Stunden mit

Schlachteplatte, Hofführung, Kremserfahrt und gemütliches Kaffeetrinken verbracht. Der frisch gebackene Kuchen hat uns allen sehr geschmeckt.

Donnerstag, 19.10.2017, Arztgespräch über die Zometagabe

eingestellt von Andrea Voß Oktober 19, 2017

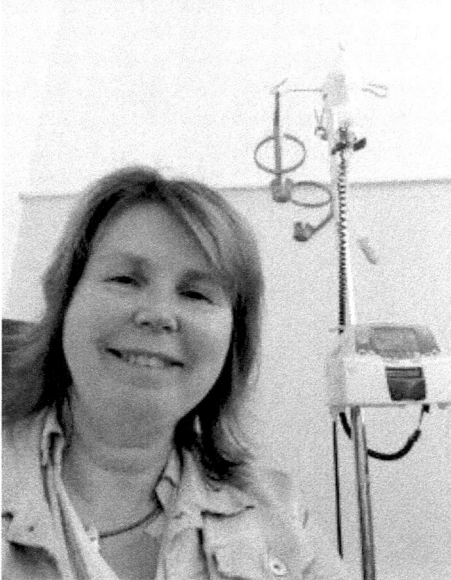

Ich bei der Zometainfusionsgabe in der Onkologischen Abteilung

Am Montag war es wieder soweit. ich bekam die Zometainfusion in meinem Port verabreicht. Ich habe die Infusion wieder gut vertragen.

Vorher begegnete ich noch meinem Arzt auf der Station und er fragte mich ob es mir gut geht. Ich bejahte es und bat um ein Gespräch.

Ich habe mich sehr gefreut, dass es kurz danach gleich zu einem Gespräch gekommen ist.

Ich hatte dieses Mal das Gefühl, dass die Chemie zwischen uns stimmte. Ich habe ihn gefragt, ob wir die Infusionsgabe auch alle 3 Monate machen könnten. Und er hat sich die Zeit genommen mir alles richtig gut zu erklären. Die Entscheidung darüber, wie wir es weiter handhaben, ob es bei der Gabe alle vier Wochen bleibt, hat er mir überlassen. Ich habe mich hinterher gleich bei Ihm bedankt, dass er mir so toll zugehört hat und mir alles so toll erklärt hat.

Bisher habe ich die Infusion sehr gut vertragen. Bevor ich mich entscheide, will ich auf alle Fälle noch andere Fachärzte zu Rate ziehen.

Gestern habe ich dann bei meiner Krankenkasse angerufen und um Hilfe gebeten. Es hat nicht lange gedauert und es hat mich auch ein Gynäkologe von der TK angerufen. Mit diesem

Gespräch war ich sehr zufrieden. Er sagte auch, dass ich die Zometainfusion doch lieber weiterhin alle 4 Wochen bekommen sollte, da ich bisher ja kaum Nebenwirkungen habe. Er sagte mir aber auch, dass ich verschiedene Fachärzte dazu ruhig konsultieren soll, um sicher zu gehen, ob etwas dagegenspricht.

Hallo   Andrea,

ich erhalte das Zometa auch schon im dritten Jahr und werde mir das Zometa nächstes Jahr nur noch alle 3 Monate geben lassen, weil das Risiko eine Kiefernekrose zu entwickeln sonst sehr ansteigt und bei mir durch Zufall eine Nekrose am äußeren Gehörgang vom HNO Arzt festgestellt wurde vor 2 Monaten, also eine winzig kleine Stelle als Nebenwirkung vom Zometa. Gott sei Dank habe ich keine Beschwerden dadurch, aber ich möchte auch nicht riskieren dass es schlimmer wird.

Ich weiß, dass es beim Prostatakrebs so üblich ist, dass nach 2 Jahren das Zometa nur noch alle 3 Monate gegeben wird und mich wundert es dass das beim Brustkrebs nicht auch   so   ist.
Ich vertrage das Zometa auch gut, allerdings empfinde ich die Termine in der Chemopraxis psychisch als belastend weil man
da ja immer auf Patienten trifft, denen es nicht mehr so gut geht wie es mir Gott sei Dank immer noch geht.

Bist Du eigentlich Privatpatientin weil Du das Zometa auf Kasse bekommst ? Ich als Kassenpatientin muss es selber bezahlen, weil die gesetzlichen Krankenkassen ja generell nur   ein   Generikum   bezahlen.

Liebe   Grüße

Nina

Liebe Nina, ich habe natürlich auch sehr große Angst davor eine Kiefernekrose zu bekommen. Mit meinen Zähnen sieht es ja auch nicht so toll aus. Ich will daher noch in den nächsten Wochen verschiedene Fachärzte wie z.B. den Zahnarzt, den Augenarzt etc. aufsuchen, um mir dort eine Meinung zu holen.
Ja Liebe Nina, Du hast recht damit, dass es mich manchmal auch ganz schön runter zieht, wenn ich auf die anderen Erkrankten treffe, den es schlechter geht. Ich möchte so gerne helfen. Ich versuche andere Erkrankte immer aufzumuntern und ihnen Mut zu machen. Mit einigen treffe ich mich einmal wöchentlich   zum   Sport   im   Rehazentrum.
Also bei mir zahlt die Krankenkasse die Zometainfusion. Ich bin bei der TK versichert und bin damit sehr zufrieden. Ich bin kein   Privat   Patient.
Liebe Nina, ich wünsche Dir ganz viel Kraft in nächster Zeit. Wir müssen unbedingt beide in Verbindung bleiben, um zu sehen wie es uns in der nächsten Zeit ergeht. LG Andrea

Dienstag, den 24.10.2017, Gedanken über metastasierten Krebs
eingestellt von Andrea Voß Oktober 24, 2017

Danke an alle meine Mitstreitenden, die ebenso genau wissen, wie wir in der Öffentlichkeit wahrgenommen werden. Viele wollen sich einfach nicht mit dem Thema auseinandersetzen. Aber ich finde, dass das ein großes Thema für uns alle sein sollte. Liebe Sybille H., Heike H., Rosie R., Sylvi H. und all die anderen unter uns, die sich mit der medisierenden Situation täglich bis an unser Lebensende mit der Krankheit auseinandersetzen müssen. Es gibt mir unendlichen Trost, dass wir gemeinsam viel erreichen können und das wir uns auch gegenseitig Halt geben.:

So wahre Worte... 😔 😌

Das ist der eigentliche Text, der auf den Artikel der Apothekenrundschau folgt, zum Thema Krebs und Überleben

Das ist genau das was mich immer so ärgert und weshalb ich mich auch auf unterschiedlichen Veranstaltungen engagiere: dass Brustkrebs in der Öffentlichkeit verharmlost wird, die Medien unterstützen das auch noch. Man hat ja "nur" Brustkrebs, der ist ja in 80 Prozent aller Fälle heilbar, die

Chemos sind heute nicht mehr schlimm und jeder kennt mindestens eine oder zwei Frauen, die vor 20 Jahren Brustkrebs hatten und immer noch leben. Und man hat ja vor allem Haarausfall. Der ist bekannt. Aber Haare würden ja wieder nachwachsen......andere Nebenwirkungen sind in der Außenwelt nicht bekannt. Die Folgen der Antihormontherapie auf Sexualität und somit auf die Partnerschaft sind kein Thema. Die Veränderung unserer Körper nicht nur durch die Entfernung der Brüste was ja oft noch vorkommt trotz brusterhaltender Op's, die Steifheit und Gelenkbeschwerden was einen auf einen Schlag um 10 Jahre alten lässt, Müdigkeit und Kraftlosigkeit, oft auch Depressionen begleitet von Todesangst im fortgeschrittenen Stadium.......das alles wird in der Öffentlichkeit nicht wahrgenommen. Warum? Weil unsere Krankheit im Verborgenen stattfindet denn wir sehen ja gut aus. Unsere Krankheit, unsere Befindlichkeit wird nach unserem Äußeren beurteilt. Die Erfahrung mache ich jeden Tag. Obwohl es mir nicht sehr gut geht höre ich: du siehst gut aus, schön, dass es dir bessergeht. Ich habe heute ein Foto in meiner Chronik eingestellt auf dem ich Makeup trage und meine Perücke und lächele. Prompt kommt von meinen Freunden die Äußerung: "schön, dass es dir bessergeht, du siehst gut aus!" Es geht mir nicht besser. Ich bin nur gut hergerichtet und ich habe ein Lächeln aufgesetzt, weil ich mich über den kleinen Ausflug gefreut habe nachdem ich ja ansonsten mehr oder weniger unter der Woche kaum aus dem Haus komme, weil mir da die Begleitung fehlt. Natürlich geht es einem Mal besser als zu ganz schlimmen Zeiten aber das bedeutet nicht, dass es einem jetzt wieder gut geht im Sinne von "alles ist prima". Die Menschen tun sich schwer damit das "es geht mir nicht gut" anzunehmen. Erstens wünschen sie sich und uns natürlich, dass es uns gut geht, wenigstens so gut wie wir aussehen und zweitens ist es bequemer sich nicht mit der Schwere der Krankheit auseinanderzusetzen. Solange das so ist spielen wir unserer Umwelt mit unserem Guten Aussehen in die Hände und der wahre Zustand wird verkannt. Und irgendwann ist man tot und alle wundern sich darüber, dass man so plötzlich gestorben ist. Vor Kurzem hat man doch noch eine kleine Reise gemacht und vor allem: "man sah doch sooooo gut aus!"

meinlebenmitbrustkrebs.blogspot.com

Danke an. MEINE Mitstreiterin, dass ich das hier weitergeben darf.

meinlebenmitbrustkrebs.blogspot.com

Unter folgenden Links und Accounts könnt Ihr mich im Netz finden.

Mein Blog: meinlebenmitbrustkrebs.blogspot.com

Meine Email- Anschrift für Euch: andreavvoss@web.de

Facebook: facebook.com/andreavvoss@web.de

Twitter: @AndreaVo3

Homepage von unserer Ferienwohnung:

www.ferienwohnung-am-schloss-wustrau.de

Der Code vom ersten Buch: Mein Leben mit Brustkrebs und wie ich das positive Denken erlernte:

meinlebenmitbrustkrebs.blogspot.com

Nachwort

Vielen Dank an alle Leser und Leserinnen meines Buches. Ich würde mich sehr über Ihre Rezensionen freuen.

Ich werde im nächsten Jahr eine Fortsetzung meiner Geschichte schreiben.

Also denkt alle daran:

Das Leben kann auch mit einer Krankheit schön sein. Ich genieße mein Leben. Jeder Tag ist einer neuer Tag, der schönste meines Lebens zu werden. Jeder Tag ist ein Geschenk.

Andrea Voß im November 2017

Wer kämpft, kann verlieren.
Wer nicht kämpft,
hat schon verloren.

Erst wenn dein Körper
streikt und dich zur Ruhe
zwingt, wirst du
aufwachen und merken
was für dich wirklich
wichtig ist. Gesundheit
kann man für kein Geld
der Welt kaufen.
Passt gut auf euch auf!

meinlebenmitbrustkrebs.blogspot.com

TWENTYSIX – Der Self-Publishing-Verlag
Eine Kooperation zwischen der Verlagsgruppe Random
House und BoD – Books on Demand
1.Auflage 2017

Herstellung und Verlag:
BoD – Books on Demand, Norderstedt.

ISBN: 9783740734459

Illustrationen: Andrea Voß

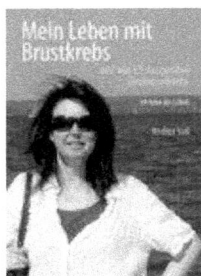

www.ingramcontent.com/pod-product-compliance
Lightning Source LLC
Chambersburg PA
CBHW070504090426
42735CB00012B/2672